MATTHES & SEITZ BERLIN

PAPERBACK

Jean-Henri Fabre

SPINNEN

Herausgegeben und
mit einem Vorwort
von Michael Ohl

Aus dem Französischen
von Friedrich Koch
und Ulrich Kunzmann,
bearbeitet von Heide Lipecky

Mit Federzeichnungen
von Christian Thanhäuser

Matthes & Seitz Berlin

INHALT

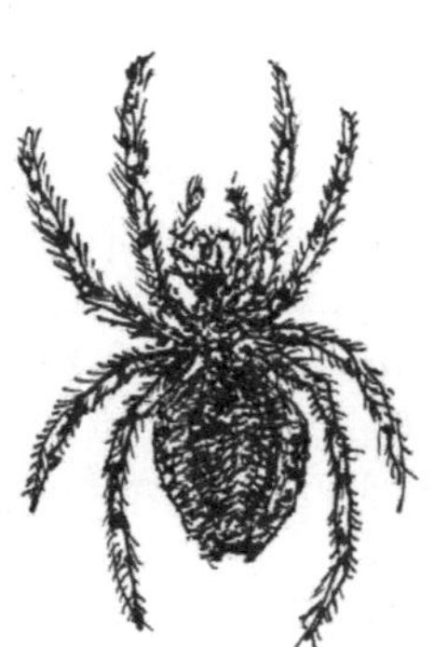

MICHAEL OHL

»Meine dicke Nachbarin«

In seinen zehnbändigen »Erinnerungen eines Insektenforschers«[1] beschreibt Jean-Henri Fabre mit Hingabe das Verhalten zahlreicher Insektenarten, die er in seiner südfranzösischen Heimat beobachtet. Vom Heiligen Pillendreher über Grabwespen bis zur Schmeißfliege, Fabre zeichnet in seiner einfühlsamen Prosa das Verhalten von Insekten nach, die im Garten des Harmas, seines Anwesens in Sérignan-du-Comtat in der französischen Region Provence-Alpes-Côte d'Azur, vorkommen. Alles, was ihm auffällt, dokumentiert er mit großer Genauigkeit.

Es bleibt nicht aus, dass auch Spinnen Fabres Weg kreuzen. Eigentlich sind sie nicht Gegenstand der Arbeit eines Entomologen, und auch Fabre ist sich bewusst, dass Spinnen nicht zu den Insekten gehören. Eigentlich Grund genug, die Spinnen nicht zu beachten, aber Fabre schert sich wenig um die Grundüberzeugungen der Systematiker, die die Natur in starre Schubladen sperren: »Eine Spinne ist nach der Klassifizierung kein Insekt, und daher scheint die *Epeira* hier deplatziert. Pfui auf die Systematik! Dass sie acht und nicht sechs Beine und Lungensäcke statt Tracheenröhren hat, ist für das Studium des Instinkts belanglos.«[2] Fabre sieht im Phänotyp, der physischen Gestalt des Organismus, eine minderwertige, wenn nicht einschränkende Notwendigkeit der Existenz von Organismen[3]. Von wirklicher Relevanz aber sei die Biologie, die sich mit dem lebenden Organismus beschäftigt, die aber von den meisten Entomologen ignoriert werde: »Die Entomologie der Nomenklatoren macht enorme Fortschritte, sie überschüttet und überschwemmt uns. Die andere, die Entomologie der Biologen, die einzig interessante und beachtenswerte, wird derart vernachlässigt, dass die häufigste Spezies entweder keine Geschichte hat oder eine gründliche Revision des wenigen Vorhandenen nötig ist.«[4] In seiner Ablehnung der systematisierenden Fachentomologen stellte sich Fabre auch gegen den »verehrten Meister« Pierre André Latreille (1762–1833), den von ihm so geschätzten »König der beschreibenden Entomologie«.[5] Im Frankreich des 19. Jahrhunderts war die Zoologie und besonders die Entomologie geprägt von einer starken Tradition in der Morphologie und Systematik.[6] Insbesondere der französische Zoologe und Entomologe Latreille dominierte die Systematik der Gliedertiere und besonders der Insekten, und sein Einfluss reichte weit über die Grenzen Frankreichs hinaus.[7] Während sich frühere Autoren wie Carl von Linné und Johann Christian Fabricius (1745–1808) in ihren umfassenden Insektenklassifikationen auf nur wenige, ihrer Auffassung nach relevante Strukturen des Insektenkörpers beschränkten, konnte Latreilles Ansatz insofern als eklektisch gelten, als dass er die bestehenden Klassifikationssysteme in einem neuen, integrierenden System vereinigte.[8] Nicht von ungefähr galt Latreille im 19. Jahrhundert als »Princeps Entomologiae«, als Fürst der Entomologie.[9] Da für Fabre Klassifikationen willkürliche Einordnungen der Natur darstellen, gibt es keinen Anlass, das eine System der Organismen vor dem anderen zu bevorzugen. Spinnen reihen sich wegen ihres komplexen und leicht zugänglichen Verhaltens daher nicht nur exzellent in die Insektenbeschreibungen der »Erinnerungen« ein, sie mit zu berücksichtigen ist zugleich expliziter Ausdruck von Fabres Ablehnung einer starren, klassifikatorischen Naturbetrachtung.[10] Dies gilt im Übrigen ebenso für den »grässliche[n] Skorpion, der Erstgeborene der Arachniden (Spinnentiere)«.[11]

Spinnen erscheinen in Fabres »Erinnerungen« in zweierlei Rollen, entweder als Akteure oder als Opfer. Als Akteure faszinieren sie Fabre durch ihre wundersamen Netzkonstruktionen und die raffinierten Paarungs und Beutefangstrategien. Als Opfer sind sie Beute der zahlreichen spinnenjagenden Weg- und Grabwespen. In beiden Rollen aber verkörpern sie für Fabre Schreckensgestalten, die im Gegensatz zu den im Sonnenlicht fliegenden Wespen in der Dunkelheit verborgen auf der Lauer liegen. Sei es die »Schwarzbäuchige Tarantel, die schreckliche Spinne, die eine Holzschneidebiene oder eine Hummel mit einem einzigen Hieb ihrer Waffe vernichtet«[12], »die schreckliche *Lycosa* (Wolfsspinne), die Maulwurf und Sperling mit einem einzigen Biss tötet«[13] oder »die scheußlich behaarte fette Gemeine Kreuzspinne«.[14]

Spinnen sind für Fabre abstoßend und furchteinflößend, zugleich in ihrem schauerlichen Äußeren und ihrem grausamen Verhalten anziehend und faszinierend. Fabres Texte schaffen es, die Kluft in dieser ambivalenten Wahrnehmung der Spinnen zu überbrücken. Den Schriftsteller Clemens J. Setz heilen sie von seiner Spinnenangst: »Das Erste, was ich von Fabre las, war eine englische Übersetzung seines Werks über Spinnen mit dem Titel ›The Life of the Spider‹. Es rührte mich zu Tränen und – auch dazu war also die Literatur fähig – heilte mich von den letzten Resten einer aus der Kindheit ins Erwachsenenalter verschleppten Arachnophobie. Wenig später fand ich eine Ausgabe von »Wunder des Lebendigen«, eine kleine Auswahl aus Fabres Werk, und hatte das Gefühl, einen geheimen Planeten entdeckt zu haben.«[15]

Bereits bei der Erkundung seines Harmas, seiner sehnsüchtig herbeigesehnten Insekten-Oase inmitten seines von hohen Mauern umzäunten Gartens, beschreibt Fabre die Spinnen in dieser Ambivalenz zwischen furchterregendem Räuber und Beute seiner Lieblingsstudienobjekte, der Wespen. »Auf dem Boden des Schlupfwinkels sieht man die wie Diamanten leuchtenden Augen der kräftigen Spinne; für die meisten ein entsetzlicher Anblick. Was für ein Wildbret und was für eine gefährliche Jagd für die Wegwespe!«[16] Und zu seinem Entzücken findet Fabre die Spinnen nicht nur im Garten, sondern auch in seinem Haus, und selbst die spinnenjagenden Wespen haben einen Weg hineingefunden: »Noch dreister sind die Hautflügler; sie haben das Haus besetzt. [...] Der Spinnenjäger schlüpft durch ein kleines Loch hinein, das bei geschlossenen Fensterläden offenbleibt. [...] Das ist, obwohl die Liste unvollständig ist, eine ebenso zahlreiche wie erlesene Gesellschaft.«[17]

Spinnen als Beute von Wespen tauchen in beinahe jedem der zehn Bände der »Erinnerungen« auf. Erst in Band II aber widmet Fabre ein ganzes Kapitel der »Schwarzbäuchigen Tarantel«, die in den »Erinnerungen« immer wieder auftritt. Band IX ist beinahe ganz den Spinnen gewidmet. Bedauerlicherweise verzichtet Fabre weitgehend auf wissenschaftliche Artnamen, die er in seinen Texten verabscheut. Zum wissenschaftlichen Namen der Krabbenspinne *Thomisus onustus* schreibt Fabre beispielsweise: »Wenn dieser Name im Geist des Lesers kein Echo findet, so hat er doch wenigstens den Vorteil, Kehle und Ohr nicht zu beleidigen, wie dies für wissenschaftliche Benennungen allzu oft zutrifft, die eher wie Niesen und nicht wie artikulierte Sprache klingen. Da es üblich ist, Tiere und Pflanzen mit einem lateinischen Etikett zu ehren, respektieren wir wenigstens den klassischen Wohlklang, verzichten wir auf raue Expektorationen, die den Namen ausspucken, anstatt ihn auszusprechen.«[18]

Im Deutschen wird als Schwarzbäuchige Tarantel in der Regel die Wolfsspinne *Hogna radiata* bezeichnet, die aber keine Röhren gräbt, sondern nachts frei auf Beutefang geht.[19] Fabres Schwarzbäuchige Tarantel dagegen baut eine eigene Wohnröhre, die der Autor als »architektonisches Kunstwerk« rühmt.[20] Das Verhalten dieser »Stubenhockerin«[21] ist recht typisch für Arten der Wolfsspinnenfamilie Lycosidae und erinnert stark an die berühmte Apulische Tarantel (*Lycosa tarentula*), der der Volksmund zu Unrecht große Giftigkeit nachsagt. In Fabres Region aber ist die Südfranzösische Tarantel (*Hogna narbonensis*) häufig,[22] und es ist diese Art, die Fabre so ausgiebig beobachtet.

Unter Taranteln versteht man üblicherweise die großen Wolfsspinnen des Mittelmeergebiets, die unterschiedlichen Gattungen angehören. Die Weibchen können eine beachtliche Größe von bis zu 3 Zentimetern Körperlänge annehmen und gehören damit zu den größten Spinnen Europas. Taranteln bauen grundsätzlich Erdröhren, die sie mit Spinnseide auskleiden. Manche Arten, so wie die von Fabre beobachtete *Hogna narbonensis*, fertigen komplexe Eingänge aus verschiedenen Materialien.[23]

Die vermeintliche Giftigkeit, die manchen Spinnen nachgesagt wird, will Fabre nicht ohne Weiteres als Volksglauben abtun. Er zitiert eine Reihe von volkstümlichen Beobachtungen. So soll die Malmignatte, besser bekannt als Schwarze Witwe (*Latrodectus tredecimguttatus*), der »Schrecken der korsischen Bauern«[24] sein. Nach Fabre sollen auch die Bauern nahe Avignon voller Entsetzen über die Schwarze Witwe reden, deren »Biss schlimme Folgen« hat.[25] Die Tarantel wiederum, *Lycosa tarentula*, wurde von den Italienern »schlecht gemacht; ihr Biss rufe bei dem Betroffenen Zuckungen und Tanzwut hervor«, und das einzige Heilmittel sei Musik.[26] Fabre, unsicher, ob er über diese Geschichten lachen oder sie ernst nehmen soll, hält es nicht für ausgeschlossen, dass der Volksmund richtig liegen könne. »Diese und andere Spinnentiere könnten, wenigstens zum Teil, ihren schrecklichen Ruf verdient haben.«[27]

Fabre ist nicht nur Beobachter, sondern auch Experimentator. Die in ihren Höhlen und Gespinsten lauernden Spinnen laden dazu ein, mit dem Zucken eines absichtlich in das Netz gehaltenen Grashalms die Empfindlichkeit ihrer Wahrnehmung zu überprüfen. Zugleich ist dies eine einfache Möglichkeit, die verborgene Spinne aus ihrer Höhle zu locken und zu fangen. Fabre nennt dies seine »recht unterhaltsamen Taranteljagden«[28]. Sobald die Spinne aus ihrer Wohnröhre schießt, verschließt Fabre hinter ihr den Eingang. »Von ihrer Freiheit verwirrt« kann er sie problemlos in eine Papiertüte nötigen. Erweist sich diese Methode des Spinnenfangs als erfolglos, wendet Fabre eine andere Technik an. Er sticht mit einem Messer von hinten in die Wohnröhre, »um sie von hinten anzugreifen und ihr durch diese Barriere den Rückweg abzuschneiden«.[29] Eine andere Methode, eine Spinne aus ihrer Höhle herauszuholen, erfüllt Fabre selber mit Schaudern. Er bugsiert eine lebendige Hummel in den Höhleneingang, damit sich Spinne und Insekt begegnen. Sobald die Spinne die Hummel beißt und tötet, zieht er die Hummel mit einer langen Pinzette aus dem Gang. Die Tarantel aber will ihre Beute nicht hergeben, und »Wildbret und Jäger kommen an die Öffnung«[30].

Mit den gefangenen Spinnen stellt Fabre verschiedene Experimente an. Er behauptet, dass sie, »so grauenhaft die Tarantel auf den ersten Blick auch wirkt, besonders wenn man bedenkt, wie gefährlich ihr Biss ist«, sich leicht zähmen lassen. So wird durch die

Gewöhnung an ihren Halter eine Tarantel aus Spanien so zutraulich, dass sie angebotene Fliegen von Fabres Fingerspitzen nimmt.[31]

Fabre scheint besonders beeindruckt davon zu sein, dass die große Spinne vor noch größeren und gefährlichen Beutetieren nicht zurückschreckt. Er bietet den Spinnen die unterschiedlichsten Insekten an, besonders auch wehrhafte Bienen, Wespen und die Holzbiene, die größte europäische Biene. »Es ist ein Duell mit fast gleichrangigen Waffen. [...] Welcher der beiden Banditen behält die Oberhand? Es ist ein Kampf Mann gegen Mann.«[32] Immer ist die Spinne die Siegerin.

Fabre treibt letztlich seine Experimente so weit, die Giftigkeit der Südfranzösischen Tarantel auch an Wirbeltieren auszuprobieren. Er lässt eine Spinne in das Bein eines gerade flügge gewordenen Sperlings beißen. Trotzdem Fabres Töchter den Sperling füttern und ihn mit ihrem Atem in der hohlen Hand wärmen, stirbt der Vogel nach zwei Tagen. Der Tod des Sperlings, den Fabre wissentlich in Kauf nimmt, lastet schwer auf seinem Gewissen. Fabre lässt dabei erkennen,wie sehr seine Naturforschung in das Familienleben eingewoben ist: »Beim Abendessen war es zwischen uns irgendwie kühl. In den Augen der anderen lese ich stumme Vorwürfe wegen meines Experiments, ich spüre eine unausgesprochene Anklage wegen Grausamkeit. Der Tod des Sperlings hatte die ganze Familie betrübt. Auch ich hatte Gewissensbisse; das kleine Ergebnis, das ich erzielt hatte, schien mir teuer bezahlt.«[33]

Die familiäre Betroffenheit aber hält ihn nicht davon ab, kurze Zeit später einen Maulwurf in Gefangenschaft zu nehmen. Fabre lässt eine Tarantel in den weichen Maulwurfsrüssel beißen, und auch der Maulwurf stirbt nach 36 Stunden. Nach dem Tod des Sperlings und des Maulwurfs sieht sich Fabre in seiner Annahme bestätigt, dass der Biss einer Südfranzösischen Tarantel auch für einen Menschen nicht ungefährlich sein könnte.[34]

Viel häufiger erscheinen die Spinnen als Beute für die verschiedenen spinnenjagenden Wespen, die Fabre im Harmas beobachten konnte. Die Wespen jagen die Spinnen als Nahrung für ihre Larven. Sie lähmen sie mit dem Stich ihres Stachels und transportieren sie schließlich in ihr Nest. Die schlüpfenden Wespenlarven ernähren sich dann von der gelähmten Spinne. Fabre beobachtet, dass hier nun die Wespe im Grunde immer die Siegerin bleibt und die Spinne lähmt. Nach seinen Beobachtungen der Kämpfe zwischen Spinnen und großen und wehrhaften Beutetieren erscheint ihm die Überlegenheit der Wespen sonderbar: »Bei den soeben beschriebenen Fakten frappieren mich zwei Gegensätze: die Arglist der Wegwespe und die Einfalt der Spinne.«[35] Im Experiment sperrt Fabre eine Wegwespe und eine Spinne der Gattung *Segestria* in einem Gefäß zusammen und konfrontiert sie so außerhalb ihres natürlichen Verhaltenskontextes miteinander. Am nächsten Morgen ist die Wespe tot. »Der Schlächter von gestern ist das Opfer von heute.«[36] Fabre unternimmt weitere Versuche, indem er die Spinne mit verschiedenen Insekten zusammensperrt. Er ist sich der artifiziellen Versuchsanordnung bewusst und nennt sie selber »regelwidrige Zweikämpfe«[37]. Siegt die Wespe, löst die gelähmte Spinne nicht das natürliche Verhalten der Wespe aus. Ist die Spinne die Überlebende, nimmt sie das tote Insekt nicht als Nahrung an.

Bei der Beobachtung der spinnenjagenden Wespen dokumentierte Fabre penibel die Arten, die die Wespen eintragen. So öffnete er die Lehmzellen der Grabwespenarten der Gattung *Sceliphron*, die mit mehreren Spinnen unterschiedlicher Arten und Gattungen gefüllt sind. Er schlussfolgert, dass die »Schlammarbeiterin«, wie Fabre die Lehmwespe nennt, ein unspezifisches Beutespektrum hat und nahezu jede Spinne einträgt, »die in den Krug passt«[38]. Er findet mehrere Spinnenarten aus sechs verschiedenen Gattungen.

Beinahe zum Ende der zehnbändigen »Erinnerungen« widmet Fabre schließlich fast den ganzen Band IX den Spinnen und Spinnentieren. Inzwischen hat Fabre zahlreiche Beobachtungen zur Schwarzbäuchigen Tarantel zusammengetragen, und stellt sie hier im Detail vor. Nun nennt er die Südfranzösische Tarantel »Die Wolfsspinne von Narbonne«.

Große Bewunderung löst das Netz der radnetzbauenden Kreuzspinnen bei Fabre aus. Nachdem er ausführlich das Vorgehen eines menschlchen Vogelfängers geschildert hat, schreibt er: »In puncto ausgeklügelter Gemeinheit hält das Netz der Radnetzspinne den Vergleich mit dem des Vogelfängers stand; es übertrifft dieses sogar, wenn es uns, geduldig untersucht, die Hauptmerkmale seiner Vollkommenheit offenbart. Welch subtile Kunst, um über ein paar Fliegen herzufallen! Nirgendwo sonst im Tierreich hat das Nahrungsbedürfnis ein so gelehrtes Gewerbe inspiriert.«[39]

Über die Entstehung der »Erinnerungen« hinweg scheint Fabres Begeisterung für die Spinnen zu wachsen. Er lässt sich letztlich von der Beobachtung des Baus des Kreuzspinnennetzes genauso wenig ablenken wie von dem Bau eines Wespennestes. Auch das Feuerwerk des Kirchweihfestes in der Nähe des Harmas können weder ihn noch die Kreuzspinnen, die er beobachtet, ablenken. »Da ich mehr an Tierpsychologie als an einem pyrotechnischen Spektakel interessiert bin, verfolge ich mit der Laterne in der Hand die Tätigkeiten der Radnetzspinne. [...] Heute können das blendende Licht der Feuerräder und das Bombardement der Knallfrösche die Spinne nicht von ihrer Webarbeit ablenken. Und was kümmerte es denn meine Nachbarin, wenn die Welt zusammenbräche! Wenn das Dorf in die Luft gesprengt würde, würde sie sich wegen einer solchen Lappalie nicht aufregen. In aller Ruhe würde sie an ihrem Gewebe weiterarbeiten.«[40] Liebevoll nennt er die Eckige Kreuzspinne »meine dicke Nachbarin«.

Besonders den Bau des Radnetzes der Kreuzspinnen nimmt Fabre zum Anlass, die ihm wunderbar anmutenden Instinkthandlungen der Spinnen zu preisen. Ein ganzes Kapitel widmet er der Beschreibung und Analyse der Geometrie des Spinnennetzes und beschreibt es im Detail mit mathematischer Präzision. Insbesondere in der Spirale erkennt er ein allgemeines Prinzip in der Natur, das sich in der Bildung des Schneckengehäuses ebenso widerspiegelt wie in der Schuppenanordnung eines Kieferzapfens. In seinen mathematischen Erläuterungen offenbart Fabre den weitestgehend mechanistischen Kern seiner Faszination an der belebten Natur, nämlich die exakte Passung und Fügung von Verhalten und Körperbau. So schreibt er angesichts des zielgenauen Bisses der Südfranzösischen Tarantel in den Nervenknoten ihrer Beute, dass die spezifischen Verhaltensweisen der Spinnen, aber auch der Wespen und anderer Insekten, »die glänzende Bestätigung einer prä etablierten Ordnung der Dinge sind.«[41] Weder könne dieses Verhalten zufällig entstanden sein, noch sei eine Herausbildung durch natürliche Selektion im Sinne Charles Darwins denkbar.[42] Während sich die Beschreibungen des komplexen Verhaltens von Tieren bei allen mechanistischen Zusammenhängen des Wortes bedienen müssen, erschließen sich die Grundprinzipien des Radnetzes der Kreuzspinne erst durch die göttliche Sprache der Mathematik. Das dahinterliegende Prinzip ist von allgemeiner Bedeutung in der Natur, und so wird das Spinnenradnetz zu einem Paradebeispiel gegen eine evolutive Interpretation seiner Entstehung: »Und diese allgemeingültige Geometrie erzählt uns von einem Allgemeinen Geometer, dessen göttlicher Zirkel alles vermessen hat. Das ist mir als Erklärung für die logarithmische Kurve des Ammoniten und der Radnetzspinne lieber als ein Wurm, der sein Schwanzende ringelt. Vielleicht entspricht das nicht genau den heutigen Lehrmeinungen, doch es zeugt von einem höheren Gedankenflug.«[43]

Fabre ist ein Freund der Hautflügler, besonders der Wespen. Seinen Harmas erwirbt er, um Wespen zu beobachten, und er fragt sie in Gedanken: »Reicht das, meine lieben fleißigen Hautflügler, für das Unternehmen, eurer Geschichte gebührlich ein paar Seiten hinzuzufügen?«[44] Fabres Neugier aber ist nicht dazu geschaffen, sich auf eines zu konzentrieren. Gerne lässt er sich ablenken von Zufallsbeobachtungen und Nebenschauplätzen. Die Spinnen, die im Gegensatz zur Sonnenexistenz der Wespen im Dunklen und Verborgenen hausen, beginnen für Fabre als ein solcher Nebenschauplatz. Sie sind Opfer der Wespen und dadurch für ihn interessant. Im Laufe der drei Jahrzehnte der Beobachtungen und des Schreibens an den »Erinnerungen« werden die Spinnen zunehmend von Opfern zu Akteuren in Fabres Naturbild. Sie bleiben dabei immer »scheußlich« und »schrecklich« in der Effizienz ihres Fangverhaltens aus der Düsternis ihrer Wohnröhre heraus. Zugleich sind sie Paradebeispiele der funktionellen Passung des Organismus in das Naturgefüge und damit einer göttlichen Ordnung der Natur.

Fabres Spinnen

Die von Fabre in den »Erinnerungen« genannten Spinnenarten mit den heutigen wissenschaftlichen und deutschen Namen und den von Fabre verwendeten Bezeichnungen.

Agalenatea redii, Körbchenspinne
(Fabre: *Epeira cratera*)
Agelena labyrinthica, Labyrinthspinne
Araneus, Kreuzspinne (Fabre: *Epeira*)
Araneus angulatus, Gehörnte Kreuzspinne
(Fabre: *Epeira angulata*, Eckige Kreuzspinne)
Araneus diadematus, Gartenkreuzspinne
(Fabre: *Epeira diadema*, Diademspinne, und *Epeira pallida*, Blasse Kreuzspinne)
Araneus marmoreus, Marmorierte Kreuzspinne
(Fabre: *Epeira scalaris*)
Argiope bruennichi, Wespenspinne
(Fabre: *Epeira fasciata*, Gebänderte Radnetzspinne)
Argiope lobata, Zebraspinne
(Fabre: *Epeira sericea*, Seidenspinnende Radnetzspinne)
Argyroneta, Wasserspinne
Clubiona, Sackspinnen (Fabre: *Clubionus*)

Hogna narbonensis, Südfranzösische Tarantel
(Fabre: Schwarzbäuchige Tarantel)
Latrodectus tredecimguttatus (= *Theridion lugubre*).
Schwarze Witwe, Malmignatte.
Lycosa tarentula, Apulische Tarantel
Neoscona adianta, Heideradspinne
(Fabre: *Epeira adianta*)
Salticus, Springspinnen (Fabre: *Attus*)
Segestria florentina, Fischernetzspinne
(Fabre: *Segestria perfida*; Schwarze Spinne oder Kellerspinne)
Thomisus onustus, Krabbenspinne
Uroctea durandi, Zeltdachspinne
(Fabre: *Clotho durandi*)

JEAN-HENRI FABRE

Spinnen

Unterhaltsame Taranteljagden

Die Spinne hat einen schlechten Ruf: Für die meisten von uns ist sie ein widerlicher Schädling, den jeder eilig tottritt. Diesem summarischen Urteil stellt der Beobachter den Fleiß des Tieres gegenüber, seine Begabung als Weber, seine Jagdlisten, seine tragische Hochzeit und andere hochinteressante Verhaltensweisen. Ja, die Spinne verdient es, dass man sie studiert, von der wissenschaftlichen Beschäftigung ganz abgesehen; aber sie gilt als giftig, und das ist ihr Verbrechen und der Hauptgrund für den Ekel, den sie bei uns erregt. Giftig ja, wenn man darunter versteht, dass sie mit zwei Haken bewaffnet ist, mit denen sie die von ihr gefangene kleine Beute rasch tötet; aber es ist ein großer Unterschied, ob eine Mücke getötet oder ein Mensch verletzt wird. Doch so blitzartig ihr Gift bei einem in ihrem verhängnisvollen Netz verstrickten Insekt auch wirkt, für uns ist es ungefährlich und harmloser als ein Schnakenstich. Dies lässt sich zumindest von den meisten einheimischen Spinnen sagen.

Manche freilich sind zu fürchten, besonders die Malmignatte, der Schrecken der korsischen Bauern. Ich habe gesehen, wie sie sich in Ackerfurchen setzte, ihr Netz spannte und sich mutig auf Insekten stürzte, die viel größer waren. Ich habe ihr karminrot getüpfeltes schwarzes Samtgewand bewundert; aber vor allem habe ich wenig beruhigende Äußerungen über sie gehört. In der Gegend von Ajaccio und Bonifacio gilt ihr Biss als sehr gefährlich, ja manchmal als tödlich. Das sagt der Landmann, und nicht immer wagt der Arzt, es zu bestreiten. In der Umgebung von Pujaud, nicht weit von Avignon, reden die Bauern voller Entsetzen von Theridium lugubre, die übrigens Dufour im katalonischen Bergland als Erster beobachtet hat; nach ihren Aussagen hat ihr Biss schlimme Folgen. Die Italiener haben die Tarantel schlechtgemacht; ihr Biss rufe bei dem Betroffenen Zuckungen und Tanzwut hervor. Gegen den Tarantismus, so heißt diese Krankheit, helfe Musik, sie sei das einzige Heilmittel. Man hat dafür eigene Melodien notiert, die besonders lindernd wirken. Es gibt eine medizinische Choreografie, medizinische Musik. Und wir? Haben wir nicht die Tarantella, diesen lebhaften, hüpfenden Tanz, den uns vielleicht die Heilkunst der kalabrischen Bauern vermacht hat?

Soll man diese Seltsamkeiten ernst nehmen oder darüber lachen? Nach dem Wenigen, das ich gesehen habe, zögere ich. Nichts sagt uns, dass ein Tarantelbiss bei schwachen, leicht beeinflussbaren Menschen kein Nervenleiden hervorruft, welches Musik lindert; nichts sagt uns, dass heftiges Schwitzen infolge raschen Tanzens nicht die Beschwerden verringert, indem es deren Ursachen vermindert. Weit entfernt davon zu lachen, überlege ich und frage nach, wenn mir der kalabrische Bauer von seiner Tarantel, der Schnitter in Pujaud von seiner Theridium lugubre und der korsische Landmann von seiner Malmignatte erzählt. Diese und andere Spinnentiere könnten, wenigstens zum Teil, ihren schrecklichen Ruf verdient haben.

Die kräftigste Spinne in meiner Gegend, die Schwarzbäuchige Tarantel, wird uns dazu bald Stoff zum Nachdenken liefern. Mir geht es hier nicht um medizinische Fragen, mich interessiert vor allem der Instinkt; aber da die Gifthaken bei den Kriegsmanövern der Jägerin eine wichtige Rolle spielen, werde ich auch ihre Wirkungen erwähnen. Das Verhalten der Tarantel, ihre Hinterhalte, Listen und Tötungsmethoden, das ist mein Gegenstand. Ich will mit einem Bericht von L. Dufour beginnen, einem jener Berichte, die mich einst so entzückten und großen Anteil an meiner Liaison mit den Insekten haben. Der Weise aus den Landes erzählt uns von der gewöhnlichen, der kalabrischen Tarantel, die er in Spanien beobachtete:

»*Lycosa tarentula* lebt vorzugsweise auf nacktem, trockenem, unfruchtbarem, unbebautem Boden, der viel Sonne bekommt. Sie wohnt, zumindest in ausgewachsenem Zustand, in unterirdischen Gängen, regelrechten Höhlen, die sie gräbt. Diese Höhlen sind zylindrisch, häufig 1 Zoll breit und gehen 1 Fuß und mehr in den Boden hinein, aber nicht senkrecht. Die Bewohnerin dieses Schlauchs beweist, dass sie eine geschickte Jägerin und fähige Ingenieurin ist. Es ging ihr nicht nur um einen tiefen Unterschlupf, in dem sie sich vor ihren Verfolgern verstecken kann; sie brauchte auch einen Ausguck, um Beute zu erspähen und über sie herzufallen. Die Tarantel ist für alles gerüstet: Der unterirdische Gang beginnt vertikal; aber in 4 oder 5 Zoll Tiefe biegt er in einem stumpfen Winkel ab, bildet einen waagerechten Ellbogen und verläuft wieder vertikal. Am Anfang dieser Röhre postiert sich die Tarantel als Wachposten und lässt die Tür ihrer Behausung keinen Moment aus den Augen; in der Zeit, als ich Jagd auf sie machte, sah ich diese wie Diamanten funkelnden Augen, die wie die einer Katze im Dunkeln leuchteten.

Aus dem Tarantelloch ragt gewöhnlich eine Röhre, die sie selbst gebaut hat. Ein echtes architektonisches Kunstwerk, das bis zu 1 Zoll aus der Erde kommt, manchmal 2 Zoll Durchmesser hat und damit breiter als die Höhle ist. Dieser von der fleißigen Spinne offenbar einkalkulierte Umstand ermöglicht ihr ganz wunderbar das Ausstrecken der Beine, das nötig ist, wenn sie die Beute packen will. Die Röhre besteht hauptsächlich aus trockenen Holzspänchen, die durch Lehm zusammengehalten und derart kunstvoll aufgeschichtet sind, dass sie ein senkrechtes Gerüst bilden, das innen ein Hohlzylinder ist. Die Festigkeit dieses röhrenförmigen Bauwerks, dieses Bollwerks, ist vor allem dadurch gesichert, dass es mit einem von den Spinndrüsen der *Lycosa* abgesonderten Gewebe ausgekleidet und gepolstert ist, das durch die ganze Höhle geht. Man kann sich gut vorstellen, wie nützlich diese so geschickt hergestellte Auskleidung sein muss: Sie verhindert Einstürze und Verwerfungen, sorgt für Sauberkeit und erleichtert den Tarantelkrallen das Erklimmen der Festung.

Ich habe angedeutet, dass dieses überirdische Bollwerk nicht überall vorhanden ist; oft fand ich Tarantellöcher, wo man nichts davon sah, entweder, weil vom Wetter zerstört, weil die *Lycosa* nicht immer das richtige Material findet oder weil die architektonische Begabung vielleicht nur in Individuen auftritt, die ihre körperliche und geistige Entwicklung vollendet haben.

Jedenfalls hatte ich oft Gelegenheit, solche Röhren zu sehen, diese Bollwerke, welche die Behausung der Tarantel überragen; sie erinnern mich an die Röhren bestimmter Köcherfliegen, sind aber größer. Die Spinne hat beim Bauen mehrere Ziele: Sie schützt ihre Zuflucht vor Überschwemmungen, sie verhindert, dass Fremdkörper hereingeweht werden, die sie verstopfen können; und sie benutzt sie als Hinterhalt, indem sie Fliegen und anderen Insekten, von denen sie sich ernährt, einen hervorstehenden Punkt anbietet, damit sie sich darauf setzen. Wer nennt uns all die Listen, die diese geschickte, furchtlose Jägerin anwendet?

Kommen wir nun zu meinen recht unterhaltsamen Taranteljagden. Am günstigsten sind dafür Mai und Juni. Als ich die Höhlen dieser Spinne zum ersten Mal entdeckte und feststellte, dass sie bewohnt waren, da ich sie in Lauerstellung im ersten Stock ihrer Behausung, nämlich am Ellbogen, bemerkte, glaubte ich, dass ich sie heftig angreifen und bis aufs Äußerste verfolgen müsste, um sie zu fangen. Ich habe in mehreren Stunden mit dem Messer einen Graben ausgehoben, einen Fuß tief und zwei Zoll breit, ohne die Tarantel zu erblicken. Dasselbe machte ich bei anderen Höhlen, mit ebenso wenig Erfolg. Ich brauchte eigentlich eine Hacke, um mein Ziel zu erreichen, war aber fern jeder menschlichen Behausung. Ich musste meinen Angriffsplan ändern und nahm Zuflucht zu einer List. Not macht erfinderisch.

Ich kam auf die Idee, als Köder einen Halm mit einer

kleinen Ähre obenauf zu nehmen, ihn am Loch zu reiben und damit zu wedeln. Die Aufmerksamkeit und die Begierden der *Lycosa* waren bald geweckt. Vom Köder angelockt, näherte sie sich der Ähre gemessenen Schrittes. Ich zog sie etwas heraus, um ihr keine Zeit zum Nachdenken zu lassen; und die Spinne schoss aus dem Loch, das ich sogleich verschloss. Von ihrer Freiheit verwirrt, war die Tarantel zu unbeholfen, um meinen Verfolgungen zu entgehen, und ich nötigte sie, in eine Papiertüte zu krabbeln, die ich sogleich verschloss.

Manchmal, die Falle ahnend oder weniger hungrig, blieb sie reglos liegen, nicht weit von der Schwelle, die zu überschreiten sie für nicht angebracht hielt. Ihre Geduld ermüdete meine. Dann wandte ich folgende Taktik an. Nachdem ich die Richtung des Schlauchs und die Position der *Lycosa* erkannt hatte, stach ich mit dem Messer schräg hinein, um sie von hinten anzugreifen und ihr durch diese Barriere den Rückweg abzuschneiden. Mein Streich gelang fast immer, besonders, wenn das Terrain nicht steinig war. In solch kritischen Situationen suchte die erschreckte Tarantel das Weite, oder sie blieb, den Rücken an der Klinge, störrisch sitzen. Dann schnippte ich mit dem Messer die Erde samt *Lycosa* heraus und fing sie. Mit dieser Methode erbeutete ich manchmal bis zu fünfzehn Taranteln in einer Stunde.

Unter bestimmten Umständen, wenn die Tarantel sich über die Falle im Klaren war, staunte ich nicht schlecht, dass sie, wenn ich die Ähre so weit hineinschob, dass sie sich im Loch drehte, damit verächtlich spielte und sie mit den Beinen wegstieß, ohne Anstalten zu machen, sich nach unten zurückzuziehen.

Baglivi berichtet, dass die apulischen Bauern Taranteln jagen, indem sie vor den Löchern auf einem Haferhalm Insektensummen nachahmen.

›Ruricolae nostri quando eas captare volunt, ad illorum latibula accedunt, tenuisque avenaceae fistulae sonum, apum murmuri non absimilem, modulantur. Quo audito, ferox exit Tarentula ut muscas vel alia hujus modi insecta, quorum murmur esse putat, captat; captatur tamen ista a rustico insidiatore.‹

So grauenhaft die Tarantel auf den ersten Blick auch wirkt, besonders wenn man voller Angst daran denkt, wie gefährlich ihr Biss ist, und so grimmig sie auch aussieht, sie lässt sich leicht zähmen, wie ich es in mehreren Experimenten getan habe.

Am 17. Mai 1812 fing ich bei meinem Aufenthalt in Valencia in Spanien eine männliche Tarantel von recht schöner Größe, ohne sie zu verletzen, und steckte sie in ein Glas mit einem Papierdeckel, in dessen Mitte ich eine Klappöffnung gemacht hatte. Auf dem Boden befestigte ich eine Tüte, die ihr als die gewohnte Behausung dienen sollte. Ich stellte das Glas auf einen Tisch in meinem Schlafzimmer, um es oft vor Augen zu haben. Die Spinne gewöhnte sich rasch an die Abgeschiedenheit und wurde so zutraulich, dass sie herankam, um eine lebendige Fliege von meinen Fingerspitzen zu nehmen. Nachdem sie dem Opfer mit ihren Haken den Todesstoß versetzt hatte, begnügte sie sich nicht wie die meisten Spinnen damit, ihr den Kopf auszusaugen, sondern sie zermalmte den ganzen Körper, indem sie ihn nach und nach mit den Kiefertastern in den Mund schob; dann spie sie die Hüllen aus und fegte sie weit weg.

Nach ihrer Mahlzeit machte sie fast immer Toilette, die darin bestand, dass sie sich innen und außen mit den Vorderkrallen, Tastern und Kieferzangen abbürstete; danach fiel sie wieder in ihren reglosen Ernst. Abend und Nacht waren für sie Zeit zum Spazierengehen. Oft hörte ich sie an der Tüte kratzen. Diese Gewohnheiten bestätigten meine an anderer Stelle geäußerte Meinung, dass die meisten Spinnen, wie die Katzen, am Tag und in der Nacht sehen können.

Am 28. Juni warf die Tarantel die Haut ab. Es war ihre letzte Häutung, die weder ihre Farbe noch Größe merklich veränderte. Am 14. Juli musste ich Valencia verlassen und blieb bis zum 23. fort. Während dieser Zeit fastete die Tarantel; ich fand sie bei meiner Rückkehr dennoch wohlauf. Am 20. August fuhr ich für neun Tage weg, was meine Gefangene ohne Nahrung und ohne gesundheitliche Schäden überstand. Am 1. Oktober ließ ich die Tarantel abermals ohne Proviant zurück. Am 21. des Monats, als ich etwa zwanzig Meilen von Valencia entfernt war und dort zu bleiben beabsichtigte, sollte ein Diener sie holen. Leider hörte ich, dass er sie nicht im Gefäß fand, und ich kenne ihr Schicksal nicht.

Ich schließe meine Beobachtungen der Tarantel mit der kurzen Beschreibung eines sonderbaren Kampfes zwischen diesen Tieren. Eines Tages, nach einer glücklichen Jagd auf diese Wolfsspinnen, setzte ich zwei ausgewachsene, recht kräftige Männchen in ein großes Weckglas, um mir den Anblick eines Kampfes auf Leben und Tod zu verschaffen. Nachdem sie mehrmals im Kreis gelaufen waren, um sich aus dem Weg zu gehen, nahmen sie, wie auf Signal, eine kriegerische Haltung ein. Erstaunt sah ich, wie sie auf Abstand gingen, sich feierlich auf die Hinterbeine setzten, als wollten sie einander ihre Brustschilde präsentieren. Nachdem sie sich zwei Minuten lang angestarrt und durch Blicke, die mir entgingen, zweifellos provoziert hatten, stürzten sie sich gleichzeitig aufeinander, umklammerten sich mit den Beinen und versuchten sich mit den Haken ihrer Kieferzangen zu stechen. Ob nun wegen Erschöpfung oder durch Übereinkunft, der Kampf wurde eingestellt; es gab einen sekundenlangen Waffenstillstand, beide Athleten zogen sich etwas zurück, um dann wieder in Drohstellung zu gehen. Das erinnerte mich daran, dass es auch bei den merkwürdigen Kämpfen von Katzen Waffenstillstände gibt. Aber das Duell zwischen meinen Taranteln begann bald wieder, und noch erbitterter. Eine Zeit lang war der Ausgang ungewiss, dann wurde die eine zu Boden gedrückt und tödlich in den Kopf gebissen. Sie wurde die Beute des Siegers, der ihr den Kopf aufriss und sie fraß. Nach diesem eigenartigen Kampf habe ich die siegreiche Tarantel noch mehrere Wochen am Leben erhalten.

Die Wolfsspinne von Narbonne

Michelet berichtet, wie er als Druckerlehrling in einem tiefen Keller freundschaftliche Beziehungen zu einer Spinne unterhielt. Zu einer bestimmten Zeit fiel ein Lichtstrahl durch die Luke der trübseligen Werkstatt und beleuchtete den Setzkasten des kleinen Setzers von Bleilettern. Dann stieg die achtbeinige Nachbarin aus ihrem Netz und kam an den Rand des Setzkastens, um an den Freuden des Lichts teilzuhaben. Das Kind ließ sie in Ruhe; freundlich empfing es die zutrauliche Besucherin, die in den eintönigen langen Stunden eine angenehme Ablenkung war. In Ermangelung menschlicher Gesellschaft nehmen wir Zuflucht zu der Gesellschaft des Tieres und machen dabei nicht immer einen schlechten Tausch.

Gott sei Dank muss ich keine trübseligen Stunden in einem Keller ertragen: Meine Einsamkeit ist heiter von Licht und Grün. Wenn ich möchte, erlebe ich das Freudenfest der Felder, die Fanfare der Amseln und die Sinfonie der Grillen – und trotzdem pflege ich noch hingebungsvoller als einst der junge Drucker einen freundschaftlichen Umgang mit der Spinne. Bereitwillig empfange ich sie in der vertraulichen Atmosphäre meines Arbeitszimmers, mache ihr Platz zwischen meinen Büchern, setze sie aufs Fensterbrett in die Sonne, besuche sie mit Freuden in ihrem Zuhause, auf dem

Lande. Zweck unserer Beziehungen ist nicht die bloße Ablenkung von den Ärgernissen des Lebens, diesen Nöten, an denen ich wie jeder meinen Anteil habe. Ich möchte der Spinne viele Fragen stellen, die sie zuweilen auch zu beantworten geruht.

Ach! An welch schöne Probleme der Umgang mit ihr denken lässt! Um sie würdig darzustellen, wäre die wunderbare Kunst, die sich der kleine Drucker aneignen sollte, nicht überflüssig. Hier brauchte man die Feder eines Michelet, und ich habe nur einen schlecht gespitzten groben Bleistift. Versuchen wir es dennoch: Selbst ärmlich gekleidet ist die Wahrheit noch schön.

Ich beschäftige mich also weiter mit den Instinkten der Spinne, einer Geschichte, die im vorigen Band nur als unvollkommener Versuch dargeboten wurde. Seit jenen ersten Studien hat sich mein Beobachtungsfeld beträchtlich erweitert. Neue, höchst bedeutsame Tatsachen haben mein Aufzeichnungsbuch bereichert. Jetzt ist es geboten, sie für eine ausführlichere Biografie zu nutzen.

Lassen wir wieder alte Bekannte auftreten: die Radnetzspinne (*Epeira*) und die Wolfsspinne (*Lycosa*), die Hauptvertreter unserer Arachniden. Die Wolfsspinne von Narbonne oder Schwarzbäuchige Tarantel wählt ihren Wohnsitz in den Garrigues (Strauchheiden), wüsten, steinigen Böden, wie der Thymian sie liebt. Ihre Behausung, eher eine Festung als eine kleine Villa, ist etwa eine Spanne tief und so dick wie ein Flaschenhals. Sie ist senkrecht ausgerichtet, soweit es die in einem solchen Boden häufigen Hindernisse erlauben. Einen kleinen Kiesel kann man herausholen; aber ein großer

Stein ist ein unverrückbarer Block, um den die Spinne ihren Gang herumführt. Trifft sie des Öfteren auf solche Steine, wird die Behausung zu einer gewundenen Höhle mit groben Kiesgewölben und Kreuzwegen, die durch unvermutete Engpässe verbunden sind.

Diese fehlende Ordnung bringt keine Nachteile: Durch lange Gewohnheit kennt die Eigentümerin alle Winkel und Stockwerke. Wenn sie oben etwas rascheln hört, steigt die Wolfsspinne aus ihrem verwinkelten Herrenhaus ebenso flink hoch wie in einem senkrechten Schacht. Vielleicht gereichen ihr die Windungen des Abgrunds sogar zum Vorteil, wenn sie eine sich wehrende Beute in die Mördergrube schleppen muss.

Meistens weitet sich der Boden der Erdhöhle zu einem Nebenraum, einem Ruheplatz, wo die Spinne ausgiebig meditiert und, wenn sie einen vollen Bauch hat, ihr Leben genießt.

Ein Verputz aus Seide, zwar nur ein spärlicher, denn die Wolfsspinne besitzt nicht so viel Seidenstoff wie die Webspinnen, bedeckt die Röhrenwand und verhindert das Abrutschen der gelockerten Erdklümpchen. Diese Schicht, die Unzusammenhängendes befestigt und Raues glättet, ist vorwiegend für den oberen Teil des Gangs an der Mündung bestimmt. Tagsüber, wenn alles ruhig ist, hockt dort die Wolfsspinne, um die Sonne, ihr höchstes Glück, zu genießen oder um auf Beute zu lauern. Die Fäden des Seidenverputzes bieten den Krallen überall eine verlässliche Stütze, wenn sie stundenlang im Rausch von Licht und Wärme reglos ausharren oder auf die vorbeilaufende Beute springen muss.

Rund um die Öffnung erhebt sich eine mehr oder weniger hohe Brüstung aus winzigen Kieseln, Holzsplittern, Riemchen aus trockenen Blättern der nahen Gräser, alles geschickt ineinander verschachtelt und mit Seide befestigt. Dieses rustikale Bauwerk fehlt nie, und sei es ein bloßer Ring.

Sobald die Wolfsspinne sich niedergelassen und das gesetzte Alter erreicht hat, wird sie häuslich. Inzwischen lebe ich seit drei Jahren in enger Gemeinschaft mit ihr. Ich halte sie in großen Schüsseln auf den Fensterbrettern meines Arbeitszimmers und beobachte sie täglich. Nur selten überrasche ich sie draußen, ein paar Zoll von ihrem Loch entfernt, wohin sie beim geringsten Alarm zurückeilt.

Also sammelt die Wolfsspinne das Material für ihre Brüstung direkt vor ihrer Schwelle. Unter solchen Bedingungen sind die Steine bald aufgebraucht, und die Bauarbeiten enden.

Ich wollte sehen, wie groß das kreisförmige Gebäude bei unbegrenzter Belieferung werden könnte. Bei meinen Gefangenen ist das leicht festzustellen. Sagen wir, wie meine Versuchstiere untergebracht sind, und sei es nur, um jemandem zu helfen, der eines Tages ebenfalls derartige Beziehungen zur großen Spinne der Strauchheiden aufnehmen möchte.

Eine spannentiefe Schüssel wird mit roter, kieseliger Tonerde gefüllt, so ähnlich wie die Erde an den von der Wolfsspinne bevorzugten Orten. Der künstliche Boden wird gehörig durchfeuchtet, sodass er breiig wird, und dann rund um ein Schilfrohr geschichtet. Wenn der Behälter randvoll ist, ziehe ich das Schilfrohr heraus, sodass es einen senkrechten Schacht hinterlässt.

Den Bewohner für diese Behausung finde ich in der Umgebung. Die von meinem Spaten aufgewühlte Wolfsspinne taucht sogleich darin unter. Sie kommt nicht mehr heraus, sucht nicht woanders etwas Besseres. Eine Drahtglocke bedeckt die Schüssel und verhindert einen Ausbruch.

Zudem muss ich nicht häufig kontrollieren. Die Gefangene versucht nicht zu fliehen. Es wäre noch anzumerken, dass jede Schüssel nur einen Bewohner hat. Die Wolfsspinne ist unverträglich. Eine Nachbarin ist für sie ein Wildbret, das man, mit dem Recht des Stärkeren, bedenkenlos verzehrt. Als ich noch nichts von dieser Unduldsamkeit wusste, die während der Familienaufzucht noch schlimmer wird, tobten entsetzliche Fressorgien unter meinen zu dicht besetzten Glocken.

Wenden wir uns nun den einzeln lebenden Wolfsspinnen zu. Sie machen nichts mehr an der von mir geformten Behausung; höchstens werfen sie einige Abraumladungen nach draußen, vielleicht um am Boden einen Ruheraum einzurichten; aber alle bauen nach und nach den Rand der Mündung.

Ich gebe ihnen reichlich Material, viel besser als das, was sie benutzen, wenn sie auf eigene Hilfsquellen angewiesen sind. Für die Fundamente sind dies zuerst glatte Steinchen, einige davon mandelgroß. Mit diesem Kies sind kurze Baststreifen vermischt, geschmeidige Bänder, die sich leicht biegen lassen. Sie, feine Stängelchen und trockene Grashalme, sind das gewöhnliche Flechtwerk des Spinnentiers. Schließlich, ein unerhörter Schatz, den die Wolfsspinne noch nie verwendet hat, versorge ich meine Gefangenen mit dicken Wollfäden von einem Zoll Länge.

Da ich auch herausfinden möchte, ob meine Tiere mit ihren großartigen Augenlinsen Farben unterscheiden können und bestimmte Farben bevorzugen, stelle ich verschiedene Wollfädchen zusammen: rote, grüne, gelbe und weiße.

Die Wolfsspinne arbeitet nachts, ein unerfreulicher Umstand, der es mir nicht erlaubt, ihre Arbeitsmethoden zu beobachten. Ich sehe nur das Ergebnis. Würde ich die Baustelle mit einer Laterne beleuchten, sähe ich auch nicht mehr. Das scheue Tier würde untertauchen, und dafür hätte ich dann meinen Schlaf geopfert. Andererseits lässt es sich Zeit. Zwei oder drei angebrachte Woll- oder Bastfädchen, das ist die ganze Arbeitsleistung einer Nacht. Bedenken wir außer dieser Gemächlichkeit auch die langen Stillstandzeiten.

Zwei Monate vergehen, und das Resultat übertrifft meine Erwartungen. Meine Wolfsspinnen wissen gar nicht, was sie mit ihren in nächster Nähe gefundenen Schätzen machen sollen, und haben sich Türme gebaut, wie ihre Rasse sie noch nie gekannt hat. Rund um die Öffnung, auf einer Böschung, wurden flache, glatte Steinchen unzusammenhängend ausgelegt. Die größten Steine, zyklopische Blöcke gemessen an der Größe des Tiers, werden ebenso reichlich wie andere verwendet.

Auf diesem Kies erhebt sich der Turm. Er besteht aus einem Geflecht von Baststreifen und wahllos eingesammelten Wollfäden. Rot und Weiß, Gelb und Grün, alles durcheinander. Die Wolfsspinne ist für farbliche Reize unempfänglich.

Das Endergebnis ist so etwas wie ein mehrere Zoll hoher Muff. Von den Spinndrüsen erzeugte Seidenbänder verknüpfen die Teile, sodass das Ganze wie grober Stoff aussieht. Obwohl nicht tadellos korrekt, denn außen gibt es stets widerspenstige Teile, ist das bunte Gebäude nicht ohne Reiz. Ein Vogel, der seine Nestmulde auspolstert, könnte es nicht besser machen. Wer die einzigartigen vielfarbigen Werke in meinen Schüsseln sieht, hält sie für ein raffiniertes Produkt, mit dem ich ein arglistiges Experiment anstellen will, und die Überraschung ist groß, wenn ich den Urheber nenne. Niemand käme darauf, dass eine Spinne solche Monumente errichtet.

In Freiheit, auf unseren kargen Strauchheiden, praktiziert die Wolfsspinne nicht solch luxuriöse Architektur. Häuslich wie sie ist, nimmt sie, was sie ringsum findet, Erdklümpchen, Steinsplitter, Zweiglein, dürre Halme, und das ist schon fast alles. Darum ist der Bau meistens bescheiden und beschränkt sich auf eine Brüstung, die kaum auffällt.

Meine Gefangenen zeigen uns: Wenn reichlich Material vorhanden ist, vor allem Textilien, die Erdrutsche verhindern, erfreut sich die Wolfsspinne an hohen Türmchen. Sie beherrscht die Kunst, Wachtürme zu bauen, und praktiziert sie, wenn sie die Mittel dazu hat.

Diese Kunst steht mit einer anderen in Verbindung, von der sie offenbar abstammt. Wenn die Sonne brennt oder Regen droht, verschließt die Wolfsspinne ihre Behausung mit einem Seidengeflecht, das sie mit verschiedenen Materialien verziert. Die Gälen nagelten die Köpfe besiegter Feinde über ihre Tür. Ebenso setzt die grimmige Spinne die Schädel ihrer Opfer in ihren Höhlendeckel ein. An der Kuppel der Kannibalin machen sich solche Bausteine gut; aber sehen wir darin ja keine Kriegstrophäen. Dem Tier sind unsere barbarischen Prahlereien fremd. Benutzt wird fast alles, was sich an der Schwelle findet, Reste von Heuschrecken, Pflanzenstücke, Erdklümpchen. Ein in der Sonne gebratener Libellenkopf ist so gut wie ein Kiesel, nicht mehr und nicht weniger.

Mit Seide und allen möglichen kleinen Materialien baut also die Wolfsspinne einen Deckel über ihrer Hausöffnung. Warum sie sich so verbarrikadiert, ist mir nicht klar, zumal dieses Einsiedlerdasein nur zeitweilig ist.

Wenn die Sonne im August brennt, bauen sich meine Wolfsspinnen am Höhleneingang eine konvexe Decke, die sich vom Boden kaum abhebt. Wollen sie sich damit vor zu grellem Licht schützen? Wohl kaum, denn wenige Tage später wird die Decke durchbrochen, obwohl die Sonne immer noch brennt, und die Spinne erscheint an ihrer Tür, wo sie die Gluthitze der Hundstage genussvoll aufnimmt.

Im Oktober verzieht sich die Wolfsspinne unter ein Dach, als wollte sie sich vor der Feuchtigkeit schützen. Stellen wir jedoch nichts als sicher hin: Bei Regen durchbricht die Spinne oft ihr Dach und lässt ihre Behausung offen.

Vielleicht wird der Deckel nur bei ernsten häuslichen Angelegenheiten aufgelegt, besonders für die Eiablage.

Tatsächlich beobachte ich junge Wolfsspinnen, die sich einschließen, wenn sie noch keine Mütter sind, und alsbald mit dem am Hinterteil hängenden Eierbeutel erscheinen. Daraus zu folgern, dass sie beim Spinnen des Mutterkokons mehr Ruhe haben wollen, passt nicht zu der Sorglosigkeit der meisten. Einige legen ihre Eier am Boden einer unverschlossenen Erdhöhle; andere weben ihren Kokon im Freien und stopfen ihn mit Eiern voll, noch ehe sie eine Behausung haben. Kurz, ich kann nicht ergründen, warum die Höhle verschlossen wird.

Jedenfalls wird der Deckel aufgebrochen und mehrmals, manchmal am selben Tag, wiederhergestellt. Trotz des Erdüberzugs bleibt er durch das Seidengeflecht geschmeidig, sodass er unter den Stößen der Eingeschlossenen reißt und aufgeht, ohne zu zerfallen. Auf den Umkreis der Mündung zurückgedrückt und um die von den folgenden Decken gelieferten Fetzen vergrößert, wird er zu einer Brüstung, welche die Wolfsspinne in ihren langen Mußezeiten nach und nach erhöht. Der Ursprung der sich über der Erdhöhle erhebenden Bastion ist also der zeitweilige Deckel. Das Türmchen geht auf die aufgebrochene Decke zurück.

Solange die Wolfsspinne kein Heim hat, begeistert sie sich für die Hetzjagd, doch häuslich geworden, lauert sie auf Wild. Alle Tage, während der größten Hitze, sehe ich, wie meine Gefangenen langsam aus der Erde steigen und sich auf die Zinnen ihrer kleinen Burg aus Wollfädchen stützen. Ihre Haltung und Würde sind wahrhaft großartig. Den schwellenden Bauch in der Öffnung, den Kopf draußen, die glasigen Augen unverwandt starrend und die Beine zum Sprung angezogen, warten sie stundenlang reglos und nehmen ein wohliges Sonnenbad.

Wenn die richtige Beute kommt, springt die Späherin pfeilschnell von ihrem Turm. Mit einem Dolchstoß in den Nacken erlegt sie Heuschrecke, Libelle oder ein anderes Wild, das ich ihr liefere; ebenso schnell erklimmt sie den Wachturm und verzieht sich mit ihrem Fang.

Ein Wild in Sprungweite des Jägers wird selten verfehlt. Ist es jedoch weiter weg, zum Beispiel auf der Drahtglocke, wird es nicht beachtet. Die Wolfsspinne verschmäht Verfolgungsjagden. Sie braucht einen sicheren Erfolg. Und den erreicht sie mit ihrem Turm. Hinter der Mauer verborgen, sieht sie den Fremden kommen; und wenn er in Reichweite ist, springt sie. Mit dieser Überrumpelungsmethode ist die Sache sicher. Selbst wenn der Unbesonnene Flügel hätte und sich rasch emporschwingen könnte, wäre er verloren.

Dazu braucht die Wolfsspinne jedoch beispielhafte Geduld, denn die Erdhöhle hat nichts, was Opfer anzulocken vermöchte. Höchstens könnte die Silhouette des Türmchens einem erschöpften Passanten als Ruheplatz erscheinen. Aber kommt heute kein Wild, dann eben morgen, übermorgen oder später, denn in der Strauchheide hüpfen unzählige Heuschrecken, die ihre Sprünge schlecht beherrschen. Der Zufall bringt schließlich eine in die Nähe der Erdhöhle. Bis dahin bleibt sie unerschütterlich wachsam. Man wird essen, wann man kann, aber letztlich wird man essen.

Die Wolfsspinne wird also bei längerer Abstinenz

nicht unruhig. Sie hat einen anpassungsfähigen Magen, der heute vollgestopft und dann endlos lange leer ist. Manchmal vergesse ich wochenlang meine Versorgerpflichten, und trotzdem geht es meinen Pfleglingen nicht schlecht: Nach ziemlich langem Fasten siechen sie nicht dahin, sondern zeigen einen Wolfshunger. Diese gierigen Schlemmer sind alle gleich: Heute fressen sie unmäßig, weil sie die morgen drohende Not voraussehen.

In ihrer Jugend, noch ohne Erdhöhle, erlangt die Wolfsspinne ihre Nahrung auf andere Weise. In grauem Gewand wie das erwachsene Tier, nur ohne die schwarze Samtschürze des Heiratsalters, streift sie durch das kümmerliche Gras. Jetzt ist das eine echte Hetzjagd. Wenn sich ein passendes Wild zeigt, bleibt sie ihm auf den Fersen. Der Verfolgte möchte fortfliegen. Dazu hat er keine Zeit. Mit senkrechtem Sprung schnappt ihn die Wolfsspinne.

Mich entzückt, wie geschwind meine in diesem Jahr geborenen Pfleglinge die von mir gelieferten Fliegen erwischen. Vergebens flüchtet sich der Zweiflügler auf einen Grashalm. Die Spinne schnellt hoch und packt ihn. Die Katze ist beim Mäusefangen nicht schneller.

Doch das sind Glanzleistungen des noch nicht von Dickleibigkeit behinderten Jugendalters. Mit einem von Eiern und Seide aufgeblähten Wanst ist solche Turnkunst nicht machbar. Dann gräbt sich die Wolfsspinne eine feste Unterkunft, eine Jagdhütte, und lauert in ihrer Burg auf Wild.

Wann und wie wird die Erdhöhle hergestellt, in der die einstige Nomadin ihr langes Leben verbringen soll?

Dies geschieht im Herbst. So macht es die Feldgrille. Solange die Tage schön und die Nächte nicht zu kalt sind, streift die künftige Chorsängerin des Frühlings über die Fluren und kümmert sich nicht um ein festes Quartier. Bei bedrohlichem Wetter genügt ihr die Hülle eines trockenen Blattes. Für die raue Jahreszeit gräbt sie die Erdhöhle als ständige Behausung.

Die Wolfsspinne teilt hierbei die Vorstellungen der Grille; gleich ihr findet sie tausend Freuden im Nomadenleben. Mit dem September kam das Zeichen des Heiratsalters, die Hemdbrust aus schwarzem Samt. Nachts, im sanften Mondschein, trifft man sich, schäkert und frisst den Geliebten kurz nach der Hochzeit; tagsüber streift man durchs Land, hetzt das Wild auf dem kurzen Grasteppich, genießt die Freuden der Sonne. Das ist viel besser, als am Grunde eines Schachts einsam vor sich hin zu grübeln. Daher ist es nicht selten, dass junge Mütter noch ohne Wohnsitz ihren Eiersack anfertigen oder schon mit Nachwuchs beladen sind.

Im Oktober ist es Zeit, sich häuslich einzurichten. Dann findet man zwei Arten von Höhlen. Die größeren, weit wie ein Flaschenhals, gehören den Matronen, die ihre Behausung seit wenigstens zwei Jahren besitzen. Die kleineren, breit wie ein dicker Bleistift, beherbergen die im selben Jahr geborenen Mütter. Durch Nacharbeiten werden ihre Erdhöhlen tiefer und weiter und damit so geräumig wie die ihrer Großmütter.

Da ich keine Erdarbeiterwerkzeuge sah, fragte ich mich, ob die Wolfsspinne womöglich einen Gang, ein Werk der Zikade oder des Regenwurms, nutzt. Dieser lange Schlauch, sagte ich mir, muss die Grabungen des offenbar so schlecht ausgerüsteten Spinnentiers abkürzen; einen solchen Gang braucht man nur zu vergrößern und herzurichten. Ein Irrtum: Vom Eingang bis zum Boden wird die Erdhöhle vom Spinnentier gegraben.

Wo befinden sich die Bohrwerkzeuge? Man denkt an die Beine oder die Krallen. Man denkt daran, doch bei einiger Überlegung sagt man sich, dass solche Instrumente zu lang und auf engem Raum schlecht zu handhaben sind. Hier braucht man die kurzstielige Keilhaue des Bergmanns, mit der man kräftig zuschlagen, unten eindringen, anheben und abreißen kann; man braucht die scharfe Spitze, die in die Erde eindringt und sie zerkrümelt. Dann bleiben nur die Giftzähne der Wolfsspinne, schmale Waffen, die man mit einer derartigen Arbeit nicht gleich in Verbindung bringt, da es unlogisch erscheint, einen Schacht mit Skalpellen zu graben.

Dies sind zwei abgewinkelte scharfe Spitzen, die sich, untätig, wie ein Finger krümmen und zwischen zwei massiven Pfeilern Schutz suchen. Die Katze zieht ihre Krallen in Hüllen unter dem Samthaar der Pfote zurück, um ihre Schneide und Schärfe zu bewahren. Ebenso schützt die Wolfsspinne ihre Giftdolche, die sie unter zwei mächtigen, schützenden Säulen einklappt; sie steigen senkrecht zur Oberfläche hinab und enthalten die Muskeln, mit denen diese bewegt werden.

Nun, dieses Chirurgenbesteck, das die Beute erwürgen soll, ist hier zu einer Keilhaue für schwere Bohrarbeit geworden. Die Grabungen zu beobachten ist unmöglich, aber mit etwas Geduld sieht man den Transport des Abraums. Wenn ich meine Gefangenen in den frühen Morgenstunden überwache, überrasche ich welche, die ihre Last nach oben schaffen.

Entgegen meinen Vermutungen arbeiten die Beine nicht mit. Der Mund dient als Schubkarre. Zwischen den Zähnen steckt ein Erdklümpchen, gehalten von den Palpen, kleinen Armen, die den Mundwerkzeugen helfen. Die Wolfsspinne steigt von ihrem Türmchen, legt ihre Last ab und holt eilig mehr herauf.

Wir haben genug gesehen: Wir wissen, dass die Giftzähne der Wolfsspinne, diese Mordwaffen, sogar in Ton oder Kies beißen. Sie kneten den Abraum zu Pillen, schnappen den Erdklumpen und bringen ihn hinaus. Das Übrige versteht sich von selbst; die Giftzähne hacken, graben, reißen. Wie gut gehärtet müssen sie sein, dass sie bei diesem mühseligen Ausschachten nicht stumpf werden und noch für die chirurgische Operation des Genickstoßes verwendbar sind!

Instinkte haben ihren eigenen Kalender. Zum erforderlichen Zeitpunkt erwachen sie; danach schlafen sie ebenso plötzlich wieder ein. Der Einfallsreiche wird untüchtig, wenn die reguläre Periode vorbei ist.

Zu diesem Thema sollte man die Spinne der Strauchheiden konsultieren. Unter eine Glocke, in eine Höhle, deren Boden ich ihren Vorlieben entsprechend vorbereitet habe, setze ich eine gerade vom Feld mitgebrachte alte Wolfsspinne. Mit handwerklichem Geschick und einem Schilfrohr habe ich eine Erdhöhle geformt, die im Großen und Ganzen wie ihre ist, und sie klettert gleich hinunter. Mein Kunstprodukt wird als rechtmäßiges Eigentum akzeptiert und kaum nachgebessert. Im Laufe der Zeit wird nur eine Bastion um die Öffnung errichtet und das Gangende mit Seide zementiert. In dieser Behausung verhält sich das Tier wie unter natürlichen Bedingungen.

Setzen wir jetzt die Wolfsspinne auf den Boden, ohne zuvor eine Höhle geformt zu haben. Was macht die Obdachlose? Eine Behausung graben, könnte man denken. Sie hat die Kraft, sie ist im besten Alter. Und der Boden ist dazu gut geeignet.

Die Wochen vergehen, und nichts passiert. Die Wolfsspinne ist entmutigt, weil ihr die Möglichkeit eines Hinterhalts fehlt, und sie beachtet kaum das angebotene Wild. Enthaltsamkeit und Langeweile schwächen sie, und sie stirbt.

Betätige dich doch wieder als Bergarbeiterin, du Närrin! Schaffe dir eine Behausung, denn du hast dazu die Möglichkeiten, und das Leben bietet dir noch lange Annehmlichkeiten: Die Jahreszeit ist günstig, und es gibt Nahrung im Überfluss. Grabe also, schachte, steig in die Erde – dort wartet das Heil. Du Dummchen machst das alles nicht, und du gehst zugrunde. Warum? Weil du deine Kunst vergessen hast, weil das Alter der beharrlichen Ausgrabungen vorüber ist und dein armseliger Verstand den Lauf der Dinge nicht zurückverfolgen kann. Nochmals dasselbe zu tun, das ist zu hoch für dich.

Ach! Wie sonderbar ist der Verstand des Tiers, eine Mischung aus Starrheit und Wendigkeit! Hat er vielleicht Erleuchtungen, um Dinge miteinander zu verbinden, und Absichten, die auf ein Ziel gerichtet sind? Nach vielen anderen lässt uns auch die Wolfsspinne daran zweifeln.

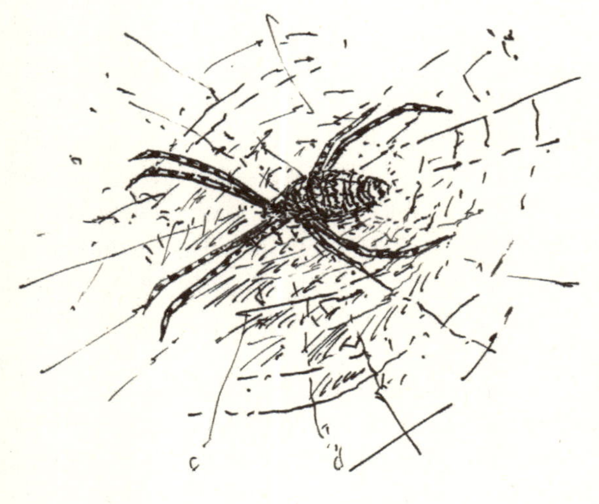

Die Talente der Radnetzspinne

In der rauen Jahreszeit, wenn das Insekt in seinen Winterquartieren ausruht, nutzt der Beobachter die milden sonnigen Winkel; er kratzt im Sand, nimmt Steine hoch, durchsucht das Gestrüpp, und oft ergreift ihn Rührung, wenn er auf ein naives Kunstwerk stößt. Glücklich sind die schlichten Gemüter, deren Ehrgeiz mit solchen Schatzfunden befriedigt wird! Ich wünsche ihnen all die Freuden, die sie mir brachten und noch bringen, trotz der Beschwerlichkeiten des Lebens, die immer drückender werden, je weiter es auf der schnellen Abwärtsbahn der Jahre nach unten geht.

Wenn sie die Gräser in den Weidengebüschen und im Unterholz durchsuchen, wünsche ich ihnen das wunderbare Objekt, das ich vor mir habe. Es ist das Werk einer Spinne, das Netz der Gebänderten Radnetzspinne (*Epeira fasciata*, Latr.).

Eine Spinne ist nach der Klassifizierung kein Insekt, und daher scheint die *Epeira* hier deplatziert. Pfui auf die Systematik! Dass sie acht und nicht sechs Beine und Lungensäcke statt Tracheenröhren hat, ist für das Studium des Instinkts belanglos. Im Übrigen gehören die Arachniden zur Gruppe der segmentierten Tiere, die aus Abschnitten bestehen, ein Körperbau, auf den sich die Begriffe »Insekt« und »Entomologie« beziehen.

Diese Gruppe nannte man früher Gliederfüßer, eine Bezeichnung, die den Mangel hatte, dass sie nicht dem Ohr wehtat und allgemeinverständlich war. Das ist alte Schule. Heute gebraucht man die entzückende Vokabel Arthropoden. Und da gibt es noch Leute, die den Fortschritt bezweifeln! Ach! Ihr Ungläubigen! Sagt »Gliederfüßer« und schnurrt »Arthropoden«, und ihr werdet sehen, ob die Wissenschaft von den Tieren keine Fortschritte macht.

In punkto Stattlichkeit und Färbung ist die Gebänderte Radnetzspinne das schönste Spinnentier des Südens. Auf ihrem dicken Bauch, einem mächtigen Seidenlager, das fast haselnussgroß ist, wechseln gelbe, silberne und schwarze Schärpen miteinander ab, und sie verschafften ihr das Beiwort »Gebänderte«. Um diesen üppigen Hinterleib verteilen sich strahlenförmig die acht hell- und dunkelbraun geringelten langen Beine.

Jede kleine Beute ist ihr recht. Wenn sie nur Haltepunkte für ihr Netz findet, lässt sie sich überall nieder, wo Heuschrecken hüpfen, Schmetterlinge flattern, Zweiflügler schweben und Libellen tanzen. Gewöhnlich spinnt sie ihr Netz über einem Rinnsal, von Ufer zu Ufer, zwischen Binsen, weil es dort reichlich Wildbret gibt. Auch im Steineichendickicht und an den von Heuschrecken bevorzugten Hängen mit Magerwiesen spannt sie ihr Netz, dies aber nicht so häufig.

Ihr Jagdgerät ist ein an den Zweigen vertäutes senkrechtes Netz, dessen Größe sich nach den Gegebenheiten richtet. Es ist ebenso konstruiert wie die der anderen Arachniden. Von einem Mittelpunkt strahlen geradlinige, gleich weit voneinander entfernte Fäden aus. Über dieses Gerüst zieht sich ein Spiralfaden, der so etwas wie Quersprossen bildet und von der Mitte zum Außenrand geht. Deren Umfang und Regelmäßigkeit sind großartig.

Im unteren Teil des Netzes steigt von der Mitte aus ein breites undurchsichtiges Band hinab, das sich im Zickzack durch die Speichen windet. Es ist das Markenzeichen der *Epeira*. Man könnte es eine Künstlersignatur nennen. Dies ist das Fecit einer bestimmten Weberin, scheint die Arachnide zu sagen, wenn sie ihr Netz mit dem letzten Schub des Schiffchens vollendet.

Dass die Spinne zufrieden ist, wenn sie sich zwischen den Speichen hin- und herbewegt und ihre Windung beendet hat, steht außer Zweifel: Die Arbeit sichert Nahrung für mehrere Tage. Doch hier geht es nicht um die Eitelkeit der Spinnerin: Die kräftige seidene Zickzacklinie soll das Netz fester machen.

Zusätzliche Widerstandskraft ist nicht überflüssig, denn zuweilen ist das Netz harten Bewährungsproben ausgesetzt. Die Radnetzspinne kann sich ihre Beute nicht aussuchen. Reglos in der Mitte ihres Netzes hockend, die acht Beine ausgebreitet, um dessen Erschütterung aus allen Richtungen wahrzunehmen, wartet sie auf das, was ihr der Zufall beschert, bald einen leichtsinnigen Schwächling, der seinen Aufschwung nicht meistert, bald ein kräftiges Exemplar, das sich mit einem unbedachten Sprung hineinstürzt.

Besonders die Heuschrecke, die ungestüme Heuschrecke, welche die Feder ihrer langen Beine aufs Geratewohl entspannt, geht oft in die Falle. Ihre Kraft sollte das Spinnentier eigentlich beeindrucken; man möchte meinen, dass die Tritte ihrer gespornten Hebel das Netz im Nu durchlöchern, damit sie entkommt. So etwas geschieht nicht. Wenn sich die Heuschrecke nicht auf Anhieb befreit, ist sie verloren.

Die Radnetzspinne dreht der Beute den Rücken zu und betätigt alle Spinndrüsen, die wie ein Brausekopf durchlöchert sind. Der Seidenstrahl wird von den Hinterbeinen gesammelt, die länger als die anderen sind und sich in weitem Bogen öffnen, damit sich der Strom ausbreiten kann. Durch diesen Kunstgriff erhält die Radnetzspinne nicht nur einen Faden, sondern ein schillerndes Netz, einen Wolkenfächer, dessen Grundfäden fast unabhängig voneinander erhalten bleiben. Mit schnellen abwechselnden Bewegungen werfen die beiden Hinterbeine dieses Leichentuch nach und nach aus, während sie die Beute drehen, um sie völlig einzuwickeln.

Der *Retiarier* (»Netzfechter«) des Altertums, ein Gladiator, der gegen ein Raubtier kämpfen musste, kam in die Arena mit einem auf der linken Schulter zusammengelegten Seilnetz. Das Tier sprang. Mit einer plötzlichen Bewegung seiner Rechten warf der Mann das Netz wie ein Fischer aus; er bedeckte das Tier und verwickelte es in den Maschen. Mit dem Dreizack versetzte er dem Besiegten den Todesstoß.

Ähnlich macht es die Radnetzspinne, wobei sie den Vorteil hat, dass sie ihre Fesseln immer wieder auswerfen kann. Falls die erste Ladung nicht genügt, folgt die zweite, dann noch eine und so weiter, bis die Seidenreserven verbraucht sind.

Wenn sich unter dem weißen Leichentuch nichts mehr rührt, geht die Spinne zu dem Gefesselten. Sie hat Besseres als den Dreizack des Gladiators: Sie hat Giftzähne. Ohne Nachdruck beißt sie kurz in die Heuschrecke. Dann zieht sie sich zurück und wartet, bis der Patient schwächer wird und erstarrt.

Bald geht sie wieder zu ihrem reglosen Opfer; sie saugt es aus und entleert es, wobei sie den Angriffspunkt mehrmals wechselt. Der ausgeblutete Rest wird aus dem Netz geworfen, und die Spinne lauert wieder in der Netzmitte.

Die Radnetzspinne saugt keinen Kadaver aus, sondern einen erstarrten Körper. Wenn ich die Heuschrecke gleich nach dem Biss von der Seidenhülle befreie, gewinnt sie ihre Kraft vollständig zurück, dass es so aussieht, als hätte sie keine Verletzung erlitten. Die Spinne tötet ihr Opfer nicht, bevor sie seine Säfte aussaugt; sie lähmt es nur, indem sie es betäubt. Vielleicht wird durch den matten Biss das Pumpen leichter. Da in einem Kadaver die Säfte stocken, gehorchen sie dem Saugwerkzeug nicht gut; man zieht sie leichter aus einem lebenden Körper, wo sie sich bewegen.

Die Blut trinkende Radnetzspinne mildert also ihren Biss, selbst bei riesigen Beutetieren, so sehr vertraut sie ihrer Retiarier-Kunst. Die Turmschrecke mit den langen Stelzen und die beleibte aschfarbene Wanderheuschrecke, unsere größte Heuschrecke, werden ohne Zögern genommen und ausgesaugt, sobald sie betäubt sind. Diese Riesen, die ein Loch ins Netz reißen und ungestüm hindurchfliegen können, werden gewiss nur selten gefangen. Ich setze sie aufs Netz. Die Spinne erledigt den Rest. Sie erzeugt verschwenderisch Seidenstrahlen und umhüllt die Heuschrecken, um sie dann auszusaugen. Mit einem stärkeren Ausstoß der Spinndrüsen wird das riesige Wildbret genauso gut wie die übliche Beute bezwungen.

Ich habe noch Besseres gesehen. Mein Versuchstier ist diesmal die Seidenspinnende Radnetzspinne (*Epeira sericea*, Oliv.) mit dem breiten, geschweiften silberweißen Hinterleib. Ihr Netz ist wie das der anderen Arachniden groß, senkrecht und mit einem Zickzackband signiert. Darauf setze ich eine Gottesanbeterin von schönster Größe, die, wenn es die Umstände erlauben, die Rolle tauscht und sich ihre Angreiferin einverleibt. Nun gilt es nicht mehr, eine friedliche Heuschrecke zu fangen: Es geht um einen starken, wilden Schlächter, der mit einem Stoß seiner Harpunen den dicken Bauch der Spinne aufschlitzen würde.

Wird es die Spinne wagen? Nicht sofort. Reglos in der Netzmitte, prüft sie ihre Kräfte, bevor sie das riesige Exemplar angreift; sie wartet, dass das Wild weiter zappelt und sich dadurch mit den Klauen noch mehr verheddert. Schließlich kommt sie näher. Die Gottesanbeterin krümmt den Leib, hebt die Flügel wie senkrechte Segel, öffnet die gezackten Armschienen, mit einem Wort, sie geht in die Gespensterhaltung, wie bei großen Schlachten.

Die Spinne ignoriert diese Drohungen. Mit weit ausgebreiteten Spinndrüsen spritzt sie Seidennetze, die von den abwechselnd arbeitenden Hinterbeinen in großer Zahl langgezogen, verbreitert und ausgeworfen werden. Unter dieser Flut von Fäden verschwinden die schrecklichen Sägen, die Fangbeine der Gottesanbeterin sowie die noch in Gespensterhaltung aufgerichteten Flügel.

Doch die Eingewickelte hat Zuckungen, sodass die Spinne aus dem Netz fällt. Für den Unfall ist vorgesorgt. Eine von den Spinndrüsen produzierte Sicherheitsleine hält die *Epeira* im leeren Raum. Wenn wieder Ruhe herrscht, verstaut sie ihre Schnur und klettert hoch. Jetzt werden der schwere Bauch und die Hinterbeine gefesselt. Der Schwall verebbt, die Seide kommt in dünnen Lagen. Zum Glück ist alles erledigt. Unter dem dicken Leichentuch ist die Beute unsichtbar.

Die Spinne zieht sich zurück, ohne zuzubeißen. Um das schreckliche Wild zu überwältigen, hat sie ihren Spinnvorrat verbraucht, der für mehrere prächtige große Netze gereicht hätte. Bei so vielen Fesseln sind weitere Vorkehrungen überflüssig.

Nach kurzer Ruhepause in der Netzmitte setzt sie sich zu Tisch. An verschiedenen Stellen der Beute werden leichte Einschnitte gemacht. Auf diese presst die Spinne den Mund und saugt das Blut aus. Die Mahlzeit zieht sich hin, da das Opfer sehr opulent ist. Zehn Stunden überwache ich die Unersättliche, die den Angriffspunkt wechselt, wenn die Wunde versiegt. Die Nacht verbirgt mir das Ende der zügellosen Sauferei. Am Morgen liegt die entleerte Gottesanbeterin auf der Erde. Die Ameisen holen sich ihren Teil.

Bei der fleißigen Tätigkeit der Mutter offenbaren sich die großen Talente der Radnetzspinnen noch besser als bei der Jagdkunst. Die Seidentasche, das Nest, in dem die Gebänderte Radnetzspinne ihre Eier ablegt, ist ein viel größeres Wunder als das Vogelnest. In der Form ähnelt es einem umgekehrten Luftballon und in der Größe einem Taubenei. Der Oberteil verjüngt sich wie bei einer Birne, ist abgestumpft und mit einem gezähnten Rand gekrönt, dessen Ecken mit Haltetauen verlängert sind, um das Objekt an den Zweiglein ringsum zu befestigen. Der anmutige ovale Rest geht inmitten einiger stabilisierender Fäden senkrecht nach unten.

Die Spitze enthält einen mit Seidenfilz verschlossenen Krater. Alles andere wird von der kompakten weißen Hülle aus reißfestem, wasserdichtem Satin bedeckt. Die in breiten Bändern, Spindeln und abwechslungsreichen Meridianen abgelegte braune, ja sogar schwarze Seide schmückt die obere Außenseite des Ballons. Die Aufgabe dieses Gewebes ist offensichtlich: Es ist eine Decke, durch die weder Tau noch Regen dringt.

Im toten Gras, dicht am Boden, ist die Tasche der Radnetzspinne allen Witterungsunbilden ausgesetzt, und überdies muss sie ihren Inhalt vor der Winterkälte schützen. Schneiden wir die Hülle auf. Darunter finden wir eine dichte rötliche Seidenschicht, hier nicht zu einem Gewebe verarbeitet, sondern zu feinster Watte gebauscht. Sie ist eine weiche Wolke, eine unvergleichliche Daunendecke, wie sie der erste Flaum des Schwans nicht liefern würde. Dies ist die Barriere gegen den Wärmeverlust.

Und was schützt diese weiche Masse? Hier ist es: In der Mitte der Daunendecke hängt ein zylindrisches Säckchen, unten rund, oben stumpf und mit einem Filzdeckel verschlossen. Es besteht aus feinstem Satin; es enthält die Eier der Radnetzspinne, hübsche orangefarbene Perlen, die, miteinander verklebt, ein erbsengroßes Kügelchen bilden. Diesen Schatz gilt es gegen die Härten des Winters zu verteidigen.

Versuchen wir nun, da wir den Aufbau des Werks kennen, festzustellen, wie die Spinnerin vorgeht. Das ist nicht leicht, denn die Gebänderte Radnetzspinne arbeitet nachts. Sie braucht die Ruhe der Nacht, um sich bei den komplizierten Regeln ihrer Kunst nicht zu vertun. Hin und wieder überrasche ich sie in den Morgenstunden bei der Arbeit, und deshalb kann ich ihre Tätigkeit folgendermaßen zusammenfassen.

Mitte August arbeiten meine Tiere unter der Glocke. Zuerst wird an der Kuppelspitze ein Gerüst gebaut; es besteht aus ausgespannten Fäden. Das Drahtgewebe ersetzt die Grashalme und die Sträucher, welche die freie Spinne als Befestigungspunkte benutzt hätte. Auf dieser wackeligen Stütze arbeitet der Webstuhl. Die Radnetzspinne sieht nicht, was sie macht; sie dreht ihrem Werk den Rücken zu. Der Mechanismus ist so eingerichtet, dass alles von allein läuft.

Das Hinterleibsende schwingt nach rechts, nach links, es hebt und senkt sich, während die Arachnide langsam im Kreis geht. Der ausgestoßene Faden ist einfach. Die Hinterbeine ziehen ihn lang, legen ihn auf das bereits Fertige. So bildet sich ein Satinbecken, dessen Rand höher und schließlich zu einem etwa einen Zentimeter tiefen Sack wird. Das Gewebe ist vom Feinsten. Damit es – vor allem an der Öffnung – straff bleibt, ist es durch Taue mit den nächsten Fäden verbunden.

Dann ruhen die Spinndrüsen aus. Nun sind die Eierstöcke an der Reihe. Die Eier strömen in den Sack, der sich bis obenhin füllt. Sein Fassungsvermögen wurde so berechnet, dass alle Eier hineinpassen und es keinen ungenutzten Platz gibt. Wenn die Spinne sich zurückzieht, erblicke ich die zusammengeballten orangefarbenen Eier; doch die Arbeit der Spinndrüsen beginnt gleich wieder.

Nun muss der Sack verschlossen werden. Jetzt arbeiten die Instrumente etwas anders. Das Hinterleibsende schwingt nicht. Es senkt sich und berührt einen Punkt; es zieht sich zurück, senkt sich und berührt einen anderen Punkt, erst hier, dann dort, wobei es unentwirrbare Zickzacklinien beschreibt. Gleichzeitig treten die Hinterbeine das ausgestoßene Material fest. Das Ergebnis ist kein Stoff, sondern Filz oder Flanell.

Rund um die Satinkapsel mit den Eiern liegt die Daunendecke, die vor Kälte schützen soll. In diesem weichen Unterschlupf bleiben die Jungen eine Weile, damit sich ihre Gelenke festigen und sie sich auf den Auszug vorbereiten können. Die Herstellung dauert nicht lange. Plötzlich verwendet die Spinnerei einen anderen Rohstoff: Sie hat weiße Seide ausgestoßen; jetzt liefert sie rötliche, die feiner ist und in Wolken hervorquillt, welche die Hinterbeine, diese geschickten Wollkämmer, gleichsam aufschäumen. Der Eiersack verschwindet, wird von dieser feinen Watte überzogen.

Schon zeichnet sich die Ballonform ab; der Oberteil des Werks verschlankt sich zu einem Hals. Die Spinne steigt hinauf und hinab, wendet sich hin und her, und mit dem ersten Strahl bestimmt sie die anmutige Form, als hätte sie einen Zirkel am Hinterleib.

Wieder ändert sich der Rohstoff. Zu einem Faden

verarbeitet, erscheint abermals weiße Seide. Jetzt muss die Hülle gewebt werden. Das dauert bei dem dicken und dichten Stoff am längsten.

Zuerst werden Fäden ausgeworfen, um die Watteschicht zu halten. Besondere Mühe verwendet die Radnetzspinne auf den Rand des Halses, den sie mit einer gezackten Borte versieht, deren von Haltetauen verlängerte Ecken die Hauptstützen des Gebäudes sind. Wenn die Spinndrüsen zu diesem Bereich gelangen, geben sie ihm jedes Mal bis zum Ende der Arbeit zusätzliche Festigkeit, die für das stabile Gleichgewicht des Ballons notwendig ist. Die Aufhängezacken begrenzen bald einen Krater, der verstopft werden muss. Die Spinne verpfropft den Ballon mit einem Filz wie dem auf dem Eiersäckchen.

Nun beginnt die eigentliche Arbeit an der Hülle. Die Radnetzspinne geht vor und zurück, dreht sich hierhin und dorthin. Die Spinndrüsen berühren nicht das Gewebe. Die Hinterbeine, das einzige Werkzeug, ziehen mit abwechselnden rhythmischen Bewegungen den Faden lang, packen ihn mit ihren Kämmen und bringen ihn auf, wobei der Hinterleib methodisch schwingt.

Auf diese Weise wird das Seidenfädchen in regelmäßigem Zickzack, mit fast geometrischer Präzision verteilt; ähnlich der des Baumwollfadens, welchen die Maschinen unserer Spinnereien so hübsch zu Knäueln wickeln. Und das wiederholt sich auf der gesamten Oberfläche des Werks, denn die Spinne bewegt sich ständig ein wenig.

In recht kurzen Abständen steigt das Hinterleibsende an die Ballonöffnung, und die Spinndrüsen berühren den befransten Rand. Die Berührung dauert sogar lange. In dieser sternförmigen Franse, der Grundlage des Baus und dem gordischen Knoten des Ganzen, ist der Faden verklebt; woanders wird er einfach von den Hinterbeinen aufgebracht. Wenn man das Werk abwickeln müsste, würde der Faden am Rand brechen; an den anderen Punkten würde er sich entrollen.

Die Radnetzspinne beendet ihr Netz mit einem mattweißen eckigen Namenszeichen; sie beendet ihr Nest mit braunen Bändchen, die von der Randbefestigung zur Bauchmitte unregelmäßig hinabsteigen. Hierfür benutzt sie zum dritten Mal eine andere Seide; nun produziert sie eine in dunklem Farbton zwischen rötlich und schwarz. Mit einer von Pol zu Pol gerichteten Schwingung verteilen die Spinndrüsen den Rohstoff, und die Hinterbeine tragen ihn in kapriziösen Bändern auf. Damit ist das Werk vollendet. Ohne die Tasche anzusehen, entfernt sich die Spinne mit großen langsamen Schritten. Der Rest geht sie nichts mehr an: Zeit und Sonne kümmern sich darum.

Als sie ihre Stunde nahen fühlte, ist sie aus dem Netz gestiegen. In der Nähe, in den lederharten Wildgräsern, hat sie das Tabernakel ihrer Jungen gewebt; dabei hat sie ihre Ressourcen erschöpft. Auf ihren Jagdposten zurückzukehren und ins Netz zu steigen wäre nutzlos: Sie hat nichts mehr, womit sie das Wild fesseln könnte. Außerdem ist der schöne Appetit verschwunden. Ermattet und verbraucht, schleppt sie sich noch ein paar Tage dahin und verendet. So entwickeln sich die Dinge im Schutz meiner Glocken; so entwickeln sie sich gewiss auch im Schutz des Buschwerks.

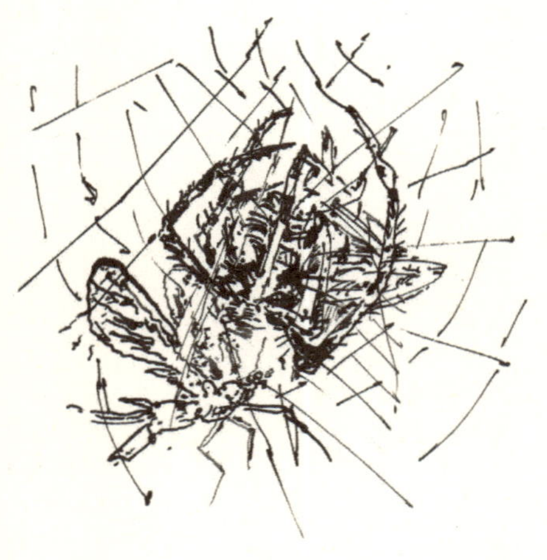

Die Labyrinthspinne baut ein Fadengewirr

Auf den Feldern der Umgebung, die ich heute mit müden Schritten durchstreife, aber stets mit wachem Blick erkunde, finde ich nichts, was so alltäglich wie die Labyrinthspinne (*Agelena labyrinthica*, Clarck) wäre. Es gibt keine Hecke, die zu ihren Füßen, zwischen den Gräsern, in den ruhigen und sonnigen Winkeln, nicht ein paar beherbergt. Auf freiem Feld und vor allem in hügeligem, durch die Axt der Holzfäller leergeräumtem Gelände sind Gruppen von Sträuchern, Zistrosen, Lavendel, Strohblumen und Rosmarin ihre Lieblingsplätze, die von den Zähnen der Herdentiere kurzgehalten werden. Dorthin gehe ich, weil sich die isolierten und unschädlichen Nahrungsquellen für Versuche eignen, die bei einer unfreundlich stechenden Hecke nicht immer möglich wären.

In den Morgenstunden des Juli, bevor die Sonne mit ihren glühenden Strahlen in den Nacken sticht, gehe ich mehrmals in der Woche zu dieser Stelle, um meine Spinnen zu beobachten. Die Kinder begleiten mich. Sie sind mit einer Apfelsine als Wegzehrung ausgestattet, denn es ist vorauszusehen, dass sie bald Durst bekommen. Sie helfen mir mit ihren guten Augen und ihren gelenkigen Beinen. Die Expedition verspricht einen Erfolg.

Bald entdecken wir hohe Seidengebäude. Sie verraten

sich aus der Entfernung durch ihre glänzenden Fäden, die der Tagesanbruch in taubedeckte Gebetsschnüre verwandelt hat. Die Kinder staunen über diese strahlenden Lichtgirlanden, was so weit geht, dass sie ihre Orangen vorübergehend vergessen. Auch mir ist dieses Bild nicht gleichgültig. Das Labyrinth unserer Spinne, das von den Tränen der Nacht beschwert und von den ersten Sonnenstrahlen beleuchtet wird, bietet einen prachtvollen Anblick. Allein dies, zusammen mit der Sonate der Amseln, lohnt die Mühe, früh aufzustehen.

Wenn sich die Luft eine halbe Stunde erwärmt, lösen sich die zauberischen Juwelen zusammen mit dem Tau auf. Dies ist die richtige Zeit, um die Netze zu untersuchen. Das Netz hier breitet sein Gewebe über ein großes Zistrosenbüschel aus; es hat die Maße eines Taschentuchs. Vielfältige Kanten und reichlich verteilte Haltetaue befestigen es am Buschwerk. Es gibt in diesem Gewirr kein hervorstehendes Ästchen, das keinen Haltepunkt liefert. Der von allen Seiten umschlungene, eingeschlossene und überdeckte Busch verschwindet, mit weißem Musselin verschleiert.

Soweit es die unebene Stützfläche erlaubt, ist das Netz an den Rändern flach, und schrittweise höhlt es sich zu einem Krater aus, sodass es weitgehend dem Schalltrichter eines Jagdhorns gleicht. Der zentrale Teil ist ein kegelförmiger Abgrund, ein Trichter, dessen sich allmählich verengender Hals senkrecht ins grüne Dickicht eindringt und ungefähr eine Spanne tief hinabreicht.

Am Eingang der Röhre, einer finsteren Mördergrube, sitzt die Spinne, die uns ansieht und von unserer Anwesenheit nicht sonderlich beeindruckt ist. Sie hat eine graue Farbe; auf dem Thorax trägt sie zwei schwarze Bänder als bescheidenen Schmuck, und auf dem Hinterleib hat sie zwei Tressen, auf denen weißliche und braune Punkte miteinander abwechseln. Am Hinterleibsende bilden zwei kleine bewegliche Fortsätze so etwas wie einen Schwanz, eine recht sonderbare Einzelheit bei einer Spinne.

Das kraterförmige Netz hat nicht überall den gleichen Aufbau. An den Rändern ist es ein hauchfeines Gespinst aus spärlichen Fäden; weiter vorn, zur Mitte hin, wird das Gewebe zu leichtem Musselin und dann zu Satin; weiter entfernt, an den engeren Teilen der Öffnung, ist es ein Geflecht aus grob rautenförmigen Maschen. Der Trichterhals, der übliche Aufenthaltsort, besteht schließlich aus festem Taft.

Die Spinne arbeitet unablässig weiter an ihrem Teppich, der für sie ein Forschungsgelände ist. Jede Nacht kommt sie dorthin, läuft darüber, überwacht ihre Fallen, verlängert und vergrößert ihren Bereich mit neuen Fäden. Die Arbeit wird mit der Seide ausgeführt, die ständig an den Spinndrüsen hängt und ständig weiter herausgezogen wird, wenn das Tier läuft. Der Trichterhals, über den sie sich häufiger als über ihre übrige Behausung hinwegbewegt, ist daher mit dem dichtesten Teppich ausgestattet. Jenseits davon befinden sich die Abhänge des Kraters, die ebenfalls sehr oft aufgesuchte Stellen sind. Annähernd regelmäßige Radien haben den Durchmesser der Öffnung bestimmt; eine hin und her schwankende Gangart und die lenkende Mithilfe der Schwanzfortsätze haben rautenförmige Maschen auf diesen Radien ausgespannt. Auf allnächtlich wiederholten Kontrollgängen hat sie diesen Teil verstärkt. Schließlich kommen wenig besuchte Flächen, die deshalb einen Teppich von geringerer Dichte haben.

Man könnte erwarten, dass man am Boden der ins Buschwerk hinuntertauchenden Galerie eine Geheimkabine, eine gepolsterte Zelle findet, wohin sich die Spinne in ihren Ruhestunden zurückziehen würde. Das stimmt überhaupt nicht. Der lange Trichterhals ist an seinem unteren Ende frei geöffnet. Dort gibt es eine stets offene verborgene Tür, durch die das verfolgte Tier fliehen kann, um im Gras aufs freie Feld zu gelangen.

Die Kraterfläche ist eigentlich keine Falle. Dass sich Vorübergehende und Wanderer mit den Beinen ein wenig in den Seidenteppich verwickeln, ist im schlimmsten Fall möglich; doch die Leichtsinnigen, die dort umherspazieren, müssen sehr selten sein. Hier ist eine Falle nötig, mit der sich springendes und fliegendes Wild zurückhalten lässt. Die Radnetzspinne hat ihr heimtückisches klebriges Netz; die Spinne der Büsche hat ihr nicht weniger heimtückisches Labyrinth.

Blicken wir auf die Oberseite des Netzes. Welch ein Wald von Schnüren! Man könnte es für das Takelwerk eines vom Sturm manövrierunfähig gemachten Schiffes halten. Von jedem stützenden Ästchen gehen solche Fäden aus; sie sind mit jeder Zweigspitze verbunden, es gibt lange und kurze, senkrechte und schräge, geradlinige und gekrümmte, gespannte und lockere; und all das kreuzt sich, verwickelt sich ein paar Ellen hoch in unentwirrbarer Ordnungslosigkeit. Dies ist ein Chaos von Bändern, ein Labyrinth, das keiner durchdringen kann, wenn er nicht über kräftige Flügel verfügt.

Hier gibt es nichts, was sich mit den üblichen Leimrutenfallen der Radnetzspinnen vergleichen lässt. Die Fäden sind nicht klebrig; sie wirken nur durch ihre unübersichtliche Menge. Wollen wir unbedingt sehen, wie die Falle arbeitet? Werfen wir eine kleine Heuschrecke ins Takelwerk. Ohne einen festen Halt auf dieser schwankenden Stützfläche zappelt das Insekt hin und her, und je mehr es sich wehrt, desto mehr bringt es seine Fesseln durcheinander. Die Spinne lauert an der Schwelle ihres Abgrunds und lässt alles geschehen. Sie eilt nicht herbei, um das verzweifelte Tier in den Wanten des Mastwerks zu schnappen; sie wartet darauf, dass es von den hin und her gedrehten Fäden gefesselt und aufs Netz gestürzt wird.

Das Opfer fällt. Die Spinne kommt und wirft sich auf das hinabgestürzte Insekt. Der Angriff ist nicht ungefährlich. Das Wild ist eher eingeschüchtert als gefesselt; es schleppt lediglich ein paar zerrissene Fadenenden an den Beinen nach. Die kühne Angreiferin kümmert sich nicht darum. Sie begräbt ihr Opfer nicht unter einem lähmenden Leichentuch, wie es die Radnetzspinnen tun, vielmehr betastet sie es, vergewissert sich, dass es sich gut eignet, und stößt ihm trotz aller Gegenwehr ihre Giftzähne in den Leib.

Die Stelle, an der sie zubeißt, ist gewöhnlich der Ansatz eines Oberschenkels: Dieser Punkt ist nicht etwa leichter verletzlich als jeder andere mit dünner Haut, vielmehr kommt es wahrscheinlich dazu, weil er einen besseren Geschmack hat. Die verschiedenen Netze, die ich untersucht habe, um den Proviant kennen zu lernen, zeigen mir tatsächlich neben anderen Beutetieren mehrere Zweiflügler, kleine Schmetterlinge und kaum angebissene Heuschreckenleichen, und ihnen allen fehlen die Hinterbeine oder wenigstens eines davon. An den Fleischerhaken der Netzränder baumeln oft die Hinterbeine der Heuschrecken, deren schmackhafter Inhalt ausgeleert ist.

In meinen Lausbubenjahren, einer Zeit, in der ich keine Vorurteile bei Essbarem hatte, konnte ich wie viele andere diesen Leckerbissen schätzen. In sehr kleinem Maßstab ist dies gleichwertig mit den dicken Krebsbeinen.

Die Takelwerkspannerin, der wir gerade eine Heuschrecke hingeworfen haben, greift also die Beute am unteren Ende eines Oberschenkels an. Sie beißt hartnäckig zu. Sobald das Spinnentier seine Giftzähne hineingestoßen hat, lässt es nicht mehr los. Es trinkt, saugt und schlürft. Wenn diese erste Stelle erschöpft ist, geht die Spinne zu anderen über, meistens zum zweiten Oberschenkel, sodass die Beute zu einem leeren Panzer wird, ohne ihre Form zu verlieren.

Wir haben gesehen, dass sich die Radnetzspinnen auf ähnliche Weise ernähren, indem sie ihr Wild ausbluten und leertrinken, anstatt es aufzufressen. Doch schließlich, in den Stunden, wenn sie geruhsam verdauen, nehmen sie sich die ausgeleerte Beute noch einmal vor, zerkauen sie immer wieder und drücken sie zu einem kleinen unförmigen Ball zusammen. Gewissermaßen eine Nachspeise als Vergnügen für die Zähne. Die Labyrinthspinne kennt derartige Variationen der Essgewohnheiten nicht; sie wirft die leergepumpten Speisereste, ohne sie zu zerkauen, aus ihrem Netz. Obwohl die Nahrungsaufnahme lange dauert, gibt es dabei nicht die geringsten Probleme. Vom ersten Biss an wird die Heuschrecke zu einem reglosen Etwas; das Gift des Spinnentiers hat sie niedergestreckt.

Als Kunstwerk ist das Labyrinth trotz seines Einfallsreichtums den Fäden der Radnetzspinne, einer Kombination der höheren Geometrie, weit unterlegen, und es vermittelt keine günstige Vorstellung von seinem Baumeister. Es ist kaum mehr als ein formloses, aufs Geratewohl errichtetes Gerüst. Die Erbauerin dieses regellosen Gebäudes muss dennoch wie die anderen ihre Grundsätze des Richtigen und des Schönen haben. Das lässt uns schon die so hübsch gitterförmige Öffnung des Kraters ahnen; das Nest, das gewöhnliche Meisterwerk der Mütter, wird es uns vollständig beweisen.

Wenn die Zeit der Eiablage naht, zieht das Spinnentier um. Es verlässt sein Netz in ausgezeichnetem Zustand und kommt nicht mehr dorthin zurück. Sein Zuhause kann übernehmen, wer will. Jetzt ist es so weit, die Familienunterkunft zu gründen. Aber wo? Das weiß die Spinne ganz genau. Mir ist es unbekannt. Ganze Vormittage werden für erfolglose Nachforschungen verwendet. Vergebens durchsuche ich die Büsche, welche die Netze tragen – ich finde dort nie etwas, das meinen Erwartungen entspricht.

Endlich komme ich hinter das Geheimnis. Zufällig entdecke ich ein Netz, das zwar aufgegeben, aber noch nicht zerrissen ist, ein Beweis, dass es erst vor Kurzem verlassen wurde. Suchen wir nicht in den Büschen, die ihm als Stützfläche dienen, sondern prüfen wir die Umgebung in einem Umkreis von mehreren Schritten. Wenn es dort einen niedrigen, ausreichend dicken Busch gibt, ist das Nest da, den Blicken entzogen. Es trägt ein echtes Zeugnis für seinen Ursprung, denn die Mutter hält es unfehlbar besetzt.

Durch diese Forschungsmethode fern von der Labyrinthfalle besitze ich nun so viele Nester, wie ich brauche, um meinen Wissensdurst zu befriedigen. Sie entsprechen bei weitem nicht der Vorstellung, die ich mir vom Talent der Mutter mache. Es sind plumpe, mit Seidenfäden wirr zusammengebrachte Pakete aus dürrem Laub. Unter dieser rustikalen Hülle liegt ein Beutel aus feinem Gewebe, in dem sich das Eierbehältnis befindet. Das Ganze ist in einem sehr schlechten Zustand, weil sich Risse beim Herausholen aus dem Gebüsch nicht vermeiden lassen. Nein, mit diesen Fetzen kann ich nicht das Wissen des Künstlers beurteilen.

Bei seinen Bauten hat das Insekt eigene Architekturregeln – Regeln, die nicht weniger unwandelbar als die anatomischen Besonderheiten sind. Jede Gruppe baut nach den gleichen Grundsätzen, bei denen sich die Gesetze einer naiven Ästhetik feststellen lassen. Jedoch bringen Umstände, die der Baumeister nicht beherrschen kann – der verfügbare Raum, die unregelmäßige Form des Ortes, die Beschaffenheit der Materialien und andere unvorhergesehene Gründe –, den Arbeiter oft von seinen Plänen ab und beeinträchtigen die Bauweise. Dann äußert sich die virtuelle Regelmäßigkeit in einer konfusen Realität; die Ordnung entartet zu unordentlichen Erscheinungen.

Ein interessanter Forschungsgegenstand wäre die von jeder Art gestaltete Form, wenn die Arbeit ungehindert ausgeführt wird. Die Gebänderte Radnetzspinne webt ihre Eiertasche im freien Raum, auf der wenig hinderlichen Stützfläche eines dünnen Zweiges, und ihr Werk ist eine prächtige und elegante Kapsel. Die Seidenspinnende Radnetzspinne hat gleichfalls Bewegungsfreiheit, und ihrem Paraboloidschlauch mit der sternförmigen Basis fehlt es nicht an Anmut. Ob der Labyrinthspinne, einer anderen hochrangigen Spinnerin, die Gebote des Schönen unbekannt sind, wenn sie das Zelt ihrer Kleinen weben muss? Bisher kenne ich von ihr nur ein missgestaltetes Paket. Kann sie allein das herstellen?

Ich erwarte Besseres, wenn ihr die Umstände günstig sind. Wenn sie in einem dichten Gestrüpp arbeitet, im hinderlichen Gewirr aus totem Laub und kleinen Zweigen, schafft sie ein sehr unregelmäßiges Werk. Zwingen wir sie nun aber, frei von diesen Hindernissen zu arbeiten, und dann, davon bin ich im Voraus überzeugt, wenn sie ihre Talente ungehemmt anwendet, wird sie beweisen, dass sie sich in der Kunst des anmutigen Nestbaus auskennt.

Kurz vor der Eiablage, Mitte August, bringe ich ein halbes Dutzend Spinnen einzeln in großen Glocken aus Drahtgewebe unter, und ich stelle sandgefüllte Schüsseln hinein. In der Mitte wird ein Thymianzweig Stützflächen für den Bau liefern, ebenso das Drahtnetz des Gehäuses. Mehr Einrichtungsobjekte gibt es nicht. Keine toten Blätter, die das Nest verunstalten würden, wenn die Mutter auf den Einfall käme, sie als Deckmaterial zu benutzen. Als Nahrung gibt es täglich Heuschrecken, die bereitwillig angenommen werden, vorausgesetzt, sie sind zart und nicht allzu groß.

Das Experiment verläuft wunschgemäß. Der August ist kaum zu Ende, da besitze ich schon sechs großartig geformte und strahlend weiße Nester. Der freie Raum im Arbeitszimmer hat es der Spinnerin erlaubt, der Inspiration ihres Instinkts ohne größere Behinderungen zu folgen, und das Ergebnis ist ein Meisterwerk an Ordnung und Eleganz, wenn man von einigen, für die Haltepunkte notwendigen Ecken absieht.

Dies ist eine ovale Umhüllung aus feinem weißem Musselin, eine durchsichtige Behausung, in der sich die Mutter lange aufhalten muss, um über ihre Brut zu wachen. Sie hat annähernd die Größe eines Hühnereis. Die Kabine ist an beiden Enden offen. Die vordere Öffnung verbreitert sich zu einer Galerie; die hintere Öffnung verjüngt sich zu einem Trichterhals. Ich kann nicht erkennen, welchen Zweck dieser Hals hat. Die breitere vordere Öffnung ist ohne jeden Zweifel eine der Versorgung dienende Tür. Ab und zu sehe ich, dass sich die Spinne dort aufhält und die Heuschrecke bewacht, die sie draußen verzehrt, denn sie hütet sich sorgfältig, das unbefleckte Heiligtum mit Kadavern zu beschmutzen.

Die Bauweise des Nestes hat eine gewisse Ähnlichkeit mit der während der Jagdzeit bewohnten Behausung. Der hintere Vorraum vertritt den Trichterhals, der bis in Bodennähe hinabstieg und im Fall ernster

Gefahr einen Fluchtweg anbot. Der vordere erweitert sich zu einer Öffnung, die hier und da ausgespannte Bänder weit auseinanderstehen lassen, und er erinnert an den Abgrund, in den die Beute früher hinabstürzte. Hier wiederholt sich jeder Teil der alten Wohnstätte, selbst das Labyrinth, das allerdings stark verkleinert ist. Vor der erweiterten Öffnung verwirren sich Fäden, in denen die Vorbeilaufenden gefangen werden. So gibt es für jede Art den Prototyp eines Baumodells, der trotz sich ändernder Bedingungen insgesamt beibehalten wird. Das Tier kennt sein Gewerbe sehr gut, doch es weiß nichts anderes und wird es auch nie wissen, weil es unfähig zu Neuerungen ist.

Nun ist dieser seidene Palast im Grunde nur ein Wachlokal. Hinter der sanften milchigen Nebelwand schimmert das Tabernakel der Eier, dessen Form vage an den Stern eines Ordenskreuzes erinnert. Es ist eine weite, prächtig mattweiße Tasche. Sie wird an allen Seiten von sich strahlenförmig ausbreitenden Pfeilern isoliert, die sie mitten zwischen den Wandbehängen festhalten. Diese Pfeiler, ungefähr zehn, verjüngen sich in der Mitte und verbreitern sich an einem Ende zu einem konischen Kapitell und am anderen in einen Sockel von gleicher Form. Sie stehen einander gegenüber und gestalten überwölbte Korridore, die es ermöglichen, sich rund um die zentrale Kammer in alle Richtungen zu bewegen. Die Mutter bewegt sich würdevoll unter den Arkaden ihres Kreuzgangs; sie verweilt zuerst hier und dann anderswo; lange horcht sie an der Eiertasche; sie belauscht, was unter der Satinhülle geschieht. Es wäre eine Barbarei, sie zu stören.

Nutzen wir die ramponierten, von den Feldern mitgebrachten Nester für eine genauere Prüfung. Von ihren Pfeilern abgesehen ist die Eiertasche ein umgekehrtes Konoid, das an das Werk der Seidenspinnenden Radnetzspinne erinnert. Der Stoff ist recht widerstandsfähig; wenn meine Pinzette ihn hin und her zieht, lässt er sich nicht ohne einige Mühe zerreißen. Im Innern des Beutels gibt es nichts anderes als äußerst feine weiße Watte und schließlich die Eier; sie sind ungefähr hundert und verhältnismäßig groß, denn sie messen anderthalb Millimeter. Es sind Perlen von sehr blassem Bernsteingelb; sie kleben nicht zusammen und rollen frei umher, sobald ich die sie einhüllende Daunendecke wegschiebe. Stecken wir das Ganze in eine Glasröhre, um den Schlupf zu verfolgen.

Machen wir jetzt ein paar Schritte zurück. Wenn die Zeit der Eiablage gekommen ist, verlässt die Mutter ihre Behausung, ihren Krater, in den ihre Opfer hinabstürzten, ihr Labyrinth, das die Mücken am Hochfliegen hinderte. Sie verlässt die Apparate unbeschädigt, die ihr ein fettes Leben ermöglichten. Nun kümmert sie sich um ihre Mutterpflichten und gründet ein anderes Zuhause in der Ferne. Warum entfernt sie sich?

Da ihr noch ein paar lange Monate Leben bevorstehen, braucht sie Nahrung. Wäre es dann nicht besser, die Eier in enger Nachbarschaft der jetzigen Wohnung unterzubringen und die Jagd mit ihrer hervorragenden Falle fortzusetzen? Die Überwachung des Nestes und der leichte Nahrungserwerb wären miteinander verbunden. Die Spinne hat eine andere Meinung, und ich ahne den Grund.

Wegen ihrer weißen Farbe und ihrer hohen Position sind das Netzgewebe und das es überragende Labyrinth von weitem sichtbare Objekte. Sie funkeln in der Sonne an oft besuchten Wegen, und das lockt Mücken und Schmetterlinge an, wie die Lampen unserer Wohnungen und der Spiegel des Vogelfängers. Wer sich dieses strahlende Etwas aus zu großer Nähe ansieht, geht als Opfer seiner Neugier zugrunde. Es gibt nichts Besseres, um die leichtsinnigen Hin und Herlaufenden zu übertölpeln, aber auch nichts, was für die Sicherheit der Familie gefährlicher wäre.

Der Auszug der Spinnen

Sobald die Samenkörner in ihren Früchten reif sind, werden sie ausgebreitet, das heißt auf dem Erdboden zerstreut, damit sie an unbesetzten Stellen keimen und Flächen mit günstigen Bedingungen besiedeln können.

Im Schutt am Wegesrand wächst eine Pflanze der Kürbisfamilie, das *Ecballium elasticum*, im Volksmund »Eselsgurke«. Ihre Früchte sind sehr bittere, dattelgroße raue Gurken. Wenn sie reif ist, zerfließt das Fleisch in der Mitte. Diese Flüssigkeit, in der die Samen schwimmen, wird von der elastischen Fruchtwand zusammengepresst und drückt auf den Stielansatz. Der wird nach draußen geschoben und gibt wie ein Stöpsel nach; er bricht und hinterlässt eine Öffnung, aus der ein Strom von Samen und Fruchtfleisch hervorschießt. Wenn die Sonne brennt und man mit ungeübter Hand die mit gelben Früchten beladene Pflanze schüttelt, hört man immer ein bisschen aufgeregt das Rauschen im Blattwerk und spürt die Kartätschen der Gurke im Gesicht.

Bei Berührung zerplatzen die reifen Früchte des Balsam-Springkrauts in fünf fleischige Schalen, die sich einrollen und ihre Samen fortschleudern. Der botanische Name der Balsamine *Impatiens* (»die Ungeduldige«) spielt darauf an.

An feuchten, schattigen Waldstellen findet sich eine

Pflanze derselben Familie mit dem noch ausdrucksvolleren Namen *Rühr-mich-nicht-an* (Großes Springkraut).

Wie die Pflanze hat manchmal auch das Insekt bestimmte Apparate für seine Wanderungen und Ausbreitungsmittel, die es den zahlreichen Kindern ermöglichen, sich in der Umgebung schnell zu zerstreuen, damit jedes seinen Platz an der Sonne erhält, ohne seinen Nachbarn zu schaden; und diese Apparate und Methoden nehmen es an Einfallsreichtum mit der Flügelfrucht der Ulme, der Federkrone des Löwenzahns und dem Katapult der Eselsgurke auf.

Beschäftigen wir uns vor allem mit den Radnetzspinnen, diesen prächtigen Spinnen, die von Busch zu Busch große senkrechte Maschennetze spannen, die an die des Vogelfängers erinnern. Die beachtlichste in meiner Region ist die so hübsch gelb, schwarz und silberweiß gestreifte Gebänderte Radnetzspinne (*Epeira fasciata*, Walck.). Ihr Nest, ein zierliches Wunderwerk, ist eine wie eine winzige Birne geformte Satintasche. Ihr Hals endet in einer konkaven Öffnung mit einem ebenfalls aus Satin bestehenden Deckel. Braune Bänder, phantastische Meridiane, schmücken diese Tasche von Pol zu Pol.

Öffnen wir das Nest. Unter der Außenhülle, die ebenso kräftig wie unsere Gewebe und wasserdicht ist, gibt es eine äußerst feine rötliche Daunendecke, einen seidenweichen Flaum, der an eine Rauchflocke erinnert. Inmitten dieses weichen Haufens hängt ein zierlicher Seidenbeutel, der die Form eines Fingerhuts hat und mit einem beweglichen Deckel verschlossen ist. Darin sind die Eier, etwa fünfhundert von wunderschönem Orangegelb.

Ist das anmutige Gebäude nicht eigentlich eine tierische Frucht, ein Keimkästchen, eine Kapsel wie die der Pflanzen? Nur dass der Beutel der Radnetzspinne Eier enthält. Dies ist eher ein scheinbarer Unterschied, denn Ei und Samenkorn sind ein und dasselbe.

Wie platzt diese belebte Frucht, welche die von den Zikaden so geschätzte Hitze ausgereift hat? Wie vollzieht sich vor allem die Ausbreitung? Dort sind hunderte und aberhunderte. Sie müssen sich trennen und sich weit entfernen, und jeder muss sich an einer Stelle absondern, wo Konkurrenz nicht allzu sehr zu fürchten ist. Wie werden sie diese weite Wanderung bewerkstelligen, sie, diese schwächlichen Wesen mit den winzigen Schritten?

Die erste Antwort erhalte ich von einer viel früher auftretenden Radnetzspinne, deren Kinderschar ich Anfang Mai auf einer Yucca entdecke. Sie hat im letzten Jahr geblüht, und ihr verzweigter meterhoher Blütenschaft ist vertrocknet. Auf den wie Schwertklingen geformten grünen Blättern tummeln sich zwei frisch geschlüpfte Kinderscharen. Die winzigen Tierchen sind mattgelb mit einem dreieckigen schwarzen Fleck auf dem Hinterleib. Das dreifache weiße Kreuz auf dem Rücken wird mir zeigen, dass ich eine Gartenkreuzspinne oder Diademspinne (*Epeira diadema*, Walck.) entdeckt habe.

Als die Sonne diesen Teil des Grundstücks erreicht, gerät die eine Gruppe in Aufruhr. Als gewandte Akrobaten klettern die kleinen Spinnen bis an die Schaftspitze. Es herrschen Tumult und Durcheinander, denn es weht ein leichter Wind. Die Spinnen entfernen sich ständig und nacheinander von der Spitze des Blütenschafts, und plötzlich stürmen sie empor; sie fliegen gleichsam davon. Man könnte sagen, dass sie Mückenflügel besitzen.

Meinen Augen zeigt sich nichts, was diesen sonderbaren Abflug erklären könnte, denn der Tumult im Freien erlaubt keine genaue Beobachtung. Hierfür sind eine friedliche Atmosphäre und die Ruhe meines Arbeitszimmers nötig.

In einer großen Büchse, die ich sofort verschließe, sammle ich die Kinderschar ein und stelle sie im Tierlaboratorium auf ein Tischchen vorm offenen Fenster. Durch das soeben Gesehene von ihrem Drang nach oben unterrichtet, gebe ich meinen Versuchstieren ein ellenhohes Reisigbündel als Klettermast. Der gesamte Schwarm klettert eilig hinauf.

Die kleinen Spinnen weben hier und da ihre Fäden. Sie klettern hoch und hinunter, kehren zurück. So entsteht ein luftiger Schleier, ein Netz mit vielen Ecken, dessen Spitze das Zweigende und dessen Ansatz der Tischrand ist, und dabei hat es eine Breite von mehreren Spannen. Dieser Schleier ist der Übungsplatz, die Werkstatt, wo der Aufbruch vorbereitet wird.

Geschäftig laufen die unscheinbaren Geschöpfe hin und her, unermüdlich kommen und gehen sie. Im Sonnenschein werden sie zu glänzenden Punkten und bilden vor dem milchigen Hintergrund des Spinngewebes eine Art Sternzeichen, ein Bild jener fernen Himmelspunkte, wo uns das Teleskop ein endloses Sternengewimmel zeigt. Das unermesslich Kleine und das unermesslich Große sind sich sehr ähnlich.

Doch die belebte Nebelwolke besteht nicht aus Fixsternen; ihre Punkte sind ständig in Bewegung. Die jungen Spinnen wechseln unablässig den Platz auf ihrem Netz. Viele lassen sich fallen und hängen am Ende eines Fadens, den das Gewicht der Abgestürzten aus den Spinndrüsen zieht. Dann klettern sie am selben Faden schnell wieder hoch, den sie zu einem Strang drehen und durch neue Abstürze verlängern. Andere laufen nur über das Netz, und mir scheint, dass auch sie an einem Paket von Seilen wirken.

Der Faden fließt nicht aus der Spinndrüse; er wird mit einiger Mühe herausgezogen. Dies ist eine Extraktion und keine Emission. Um ihr Schnürchen zu erlangen, muss die Spinne den Platz wechseln, entweder durch einen Sturz oder durch Laufen, so wie der Seiler zurückgeht, wenn er sein Werg bearbeitet. Die Aktivität auf dem Übungsnetz bereitet die Verstreuung vor. Die Reisenden packen.

Bald trippeln Radnetzspinnen hurtig zwischen Tisch und offenem Fenster. Sie laufen in der Luft. Aber worauf? Wenn das Tageslicht in einem günstigen Winkel einfällt, sehe ich hinter dem Tierchen einen Faden, der einem Lichtstrahl gleicht. Er leuchtet auf, verschwindet. Hinten befindet sich also ein Tau, das man bei genauem Hinsehen gerade noch erkennt. Doch vorn, zum Fenster hin, ist nichts zu sehen.

Vergebens prüfe ich oben, unten und von der Seite. Vergebens ändere ich den Blickwinkel. Ich erkenne keine Stützfläche, auf der das Tierchen laufen könnte.

Das kleine Geschöpf, möchte man sagen, rudert im leeren Raum. Es wirkt wie ein Vöglein, dessen Bein festgebunden ist und das sich vorwärts stürzt.

Hier täuscht der Augenschein: Die Spinne kann sich nicht aufschwingen, zur Durchquerung des Raums braucht sie eine Brücke. Diese sehe ich nicht, kann sie jedoch zerstören. Mit einem Stab schlage ich vor der zum Fenster laufenden Spinne in die Luft. Sofort steht sie und stürzt ab. Der unsichtbare Steg ist zerbrochen. Mein kleiner Sohn Paul, der mir hilft, staunt über diesen Schlag mit dem Zauberstab, denn auch seine unverbrauchten Augen können vorn keine Stützfläche erkennen.

Dagegen ist hinten ein Faden sichtbar, denn jede Spinne spinnt eine Sicherheitsleine, welche die Seiltänzerin vor Abstürzen bewahrt. Hinten verdoppelt sich so der Faden und wird sichtbar; nach vorn ist er einfach und kaum erkennbar.

Das Tier wirft diesen unsichtbaren Steg offenkundig nicht aus. Er wird von einem Hauch mitgezogen und abgerollt. Die Radnetzspinne lässt ihren Faden schweben, und schon der sanfteste Wind trägt ihn fort und wickelt ihn ab. So steigt eine Rauchspirale aus einem Pfeifenkopf auf und entrollt sich.

Wenn dieser schwebende Faden irgendwo anstößt, bleibt er haften. Die Hängebrücke ist ausgeworfen, und die Spinne kann sich auf den Weg machen. Die Indianer Südamerikas überqueren, wie es heißt, die Abgründe der Kordilleren auf Lianenschaukeln, und die kleine Spinne durchquert den leeren Raum auf etwas Unsichtbarem und Unwägbarem.

Doch es braucht einen Luftzug, um das Ende des schwebenden Fadens zu verlagern. Den gibt es jetzt zwischen Tür und Fenster; beide stehen offen. Der Rauch meiner Pfeife verrät ihn mir, er wirbelt sanft in diese Richtung. Durch die Tür kommt kalte Luft, durchs Fenster entweicht warme. Dieser Zug nimmt die Fäden mit und ermöglicht es den Spinnen, sich zu entfernen.

Ich schließe beide Öffnungen und unterbreche jede Verbindung, indem ich meinen Stock zwischen Fenster und Tisch schwinge. In der reglosen Luft entfernt sich niemand mehr. Ohne Luftstrom entrollen sich die Stränge nicht, und eine Wanderung wird unmöglich.

Bald beginnt sie wieder, allerdings in eine Richtung, an die ich nicht gedacht habe. Die Sonne brennt auf eine Stelle des Fußbodens. In diesem besonders warmen Teil entsteht eine Luftsäule, die leichter ist und aufsteigt. Wenn sie die Fäden erfasst, müssen meine Spinnen zur Zimmerdecke hochsteigen.

Tatsächlich kommt es zu diesem sonderbaren Aufstieg. Leider eignet sich meine durch die Abgänge stark dezimierte Schar nicht für ein langes Experiment. Damit muss neu begonnen werden.

Am nächsten Morgen sammle ich von der Yucca die zweite Kinderschar ab. Mein Haufen spinnt ein auseinanderlaufendes Netz. Dieses beginnt an der Spitze des den Auswanderinnen zur Verfügung gestellten Strauchs und endet am Tischrand. Fünf- bis sechshundert Tierchen wimmeln an dieser Arbeitsstätte.

Während diese kleine Welt sich auf den Aufbruch vorbereitet, treffe auch ich meine Vorbereitungen. Alle Zimmeröffnungen sind geschlossen, damit die Luft möglichst ruhig wird. Am Fuß des Tisches wird ein kleiner Petroleumkocher angezündet. Dies ist die sehr einfache Feuerstätte, die mit ihrer Luftsäule die Fäden abwickeln und nach oben tragen soll.

Ermitteln wir zunächst Richtung und Stärke des Luftzugs. Federkronen des Löwenzahns, deren Gewicht ich durch Entfernen der Samen verringert habe, dienen mir als Indikatoren. Über dem Kocher, in Tischhöhe, losgelassen, steigen sie langsam hoch und erreichen zumeist die Decke. So und noch besser müssen die dünnen Schnüre der Auswanderinnen hochsteigen.

Geschafft: Ohne eine für uns drei sichtbare Hilfe steigt eine Spinne hoch. Mit ihren acht Beinen trippelt sie in der Luft; sie klettert und schaukelt. Immer mehr folgen, auf unterschiedlichen Wegen, manchmal auf demselben Weg. Wer nicht des Rätsels Lösung wüsste, wäre über diesen Aufstieg ohne Leiter erstaunt. Nach ein paar Minuten drücken sich die meisten an die Decke.

In einer bestimmten Höhe steigen manche nicht weiter und fallen sogar zurück, obwohl sie die Beine behände vorwärtsbewegen. Je höher sie gehen, desto tiefer steigen sie hinab. Dieses Abweichen, das den zurückgelegten Weg zunichtemacht und sogar in die Gegenrichtung verkehrt, ist leicht zu erklären.

Der Faden hat die Decke nicht erreicht. Er schwebt und ist nur unten befestigt. Wenn er lang genug ist, kann er das Tierchen tragen, obwohl er sich bewegt. Doch je höher die Spinne klettert, desto mehr verkürzt sich der frei schwebende Teil, und es kommt der Moment, wenn sich die Auftriebskraft des Fadens und die getragene Last die Waage halten. Dann bewegt sich das Tierchen nicht, obwohl es klettert.

Hierauf wirkt die Last stärker als der frei schwebende und immer mehr verkürzte Teil, und die Spinne marschiert rückwärts, obwohl sie ständig vorwärts läuft. Schließlich wird sie durch den gestutzten Faden auf den Zweig zurückgebracht. Von dort aus unternimmt sie bald einen weiteren Aufstieg, entweder an einem neuen Faden, sofern die Seidendrüsen nicht erschöpft sind, oder an einem fremden Faden, dem Werk ihrer Vorgängerinnen.

Die Decke ist etwa vier Meter hoch. Die kleine Radnetzspinne kann somit als ihr erstes Spinnereiprodukt eine Schnur von wenigstens vier Metern Länge gewinnen, bevor sie etwas gegessen hat. Und all das, Seiler und Seil, befand sich im Ei, einem winzigen Kügelchen. Wie fein kann also der Seidenstoff verarbeitet werden, über den die junge Spinne verfügt! Unsere Industrie kann Platinfäden erzeugen, die man nur sieht, wenn sie bis zur Rotglut erhitzt sind. Mit viel einfacheren Mitteln holt die kleine Radnetzspinne aus ihrer Drahtzieherei kleine Fäden, die selbst im Sonnenlicht nicht immer zu ahnen sind.

Lassen wir nicht alle Bergsteiger an der Decke stranden, auf diesem unwirtlichen Gebiet, wo die meisten gewiss zugrunde gehen, weil sie keinen weiteren Faden produzieren können, ehe sie etwas gegessen haben. Ich öffne das Fenster. Vom Petroleumkocher kommt ein lauer Luftzug und entweicht an der Oberseite der Öffnung. Das zeigen Löwenzahn-Federkronen, die sich in diese Richtung bewegen. Die schwebenden Fäden werden mitgerissen und draußen, wo ein leichter Wind weht, immer länger.

Mit einer Schere zerschneide ich einige Fäden, ohne sie zu bewegen, und zwar solche, die am Ansatz durch ein zweites Fädchen verdickt und dadurch sichtbar sind. Mein Schnitt hat ein wunderbares Ergebnis. Die an ihrem fliegenden Faden schwebende Spinne gelangt durchs Fenster, steigt auf und verschwindet. Ach! Wie bequem wäre es, so zu reisen, wenn das Fahrzeug ein Steuer hätte und man landen könnte, wo man will!

Das Problem der Ausbreitung ist gelöst. Was wäre, wenn alles auf freiem Feld geschähe, anstatt von meinen Kunstgriffen provoziert zu werden? Das ist offensichtlich. Die jungen Radnetzspinnen, diese geborenen Akrobaten und Seiltänzer, klettern auf eine Zweigspitze, um unter sich einen freien Raum zu haben, in dem sie ihren Apparat entfalten können. Dort holt jede aus ihrer Seilfabrik einen Faden, den sie den Luftwirbeln überlässt. Durch die vom sonnenerwärmten Boden aufsteigenden Strömungen emporgehoben, steigt und steigt dieser Faden, schwebt, schwingt, zieht an seinem Befestigungspunkt. Schließlich reißt er und verschwindet in der Ferne, mitsamt der an ihm hängenden Spinnerin.

Die Radnetzspinne mit den drei weißen Kreuzen hat einen schwachen Muttertrieb. Sie webt eine einfache Seidenpille als Eierbehälter. Wie bescheiden ist ihr Werk, verglichen mit den Ballons der Gebänderten Radnetzspinne! Von diesen Spinnen erwartete ich das beste Anschauungsmaterial. Ich hatte mir einen Vorrat von ihnen angelegt, als ich im Herbst einige Mütter aufzog. Mein Reservoir bestand überwiegend aus unter meinen Augen gewebten Ballons, und damit meiner Beobachtung nichts Wesentliches entging, teilte ich sie. Eine Hälfte blieb in meinem Arbeitszimmer unter einer Drahtglocke mit Reiserbüscheln als Stützflächen. Die andere Hälfte war den rauen Bedingungen draußen auf den Rosmarinsträuchern ausgesetzt.

Diese vielversprechenden Vorbereitungen haben mir nicht das erwartete Schauspiel beschert, das heißt einen des bewohnten Tabernakels würdigen großartigen Auszug. Dennoch sind interessante Ergebnisse zu verzeichnen.

Der Schlupf erfolgt kurz vor Anfang März. Öffnen wir mit einer Schere das kapselförmige Nest der Gebänderten Radnetzspinne. Wir finden dort Junge, die bereits die zentrale Kammer verlassen und sich in der Daunendecke ausgebreitet haben, während das übrige Gelege noch aus einem dichten Haufen orangegelber Eier besteht. Die Jungen schlüpfen in unregelmäßigen Abständen, und das kann ein paar Wochen dauern.

Der Hinterleib ist weiß und wirkt in der Vorderhälfte wie mehlbestäubt; die hintere Hälfte ist schwärzlichbraun. Der übrige Körper ist hellgelb, bis auf die Vorderseite, wo die Augen einen schwarzen Rand bilden. Wenn man die Kleinen in Ruhe lässt, bleiben sie reglos in der weichen rötlichen Daunendecke; wenn man sie stört, treten sie träge auf der Stelle oder wandern unschlüssig und unsicher umher. Offensichtlich müssen sie erst reifen, bevor sie sich hinauswagen.

Die Reife wird in dem köstlichen Flaum erreicht, der die Geburtskammer umgibt und den Ballon aufbläht.

Dies ist der Warteraum, in dem das Fleisch fest wird. Dort tauchen alle ein, die aus dem zentralen Schlauch gekrochen sind. Sie werden ihn vier Monate später, in der Sommerhitze, verlassen.

Ich zwinge mich zu einer geduldigen Zählung, die annähernd sechshundert ergibt. Und all das kommt aus einem erbsengroßen Säckchen. Dank welch wundersamer Ökonomie ist hier Platz für eine solche Kinderschar?

Der Eierbeutel ist ein unten abgerundeter kurzer Zylinder. Er besteht aus dichtem weißem Satin, einer unüberwindlichen Barriere. In seine runde Öffnung ist ein Deckel aus demselben Stoff eingesetzt, durch den die schwachen Tierchen nicht kämen. Das ist ein Gewebe, so derbe wie das des Beutels. Mit welchem Mechanismus wird also die Befreiung erreicht?

Stellen wir fest, dass sich die Deckelscheibe in einer kurzen Falte zurückbiegt und diese sich in die Beutelöffnung einfügt. Ebenso passt sich ein Topfdeckel mit überstehendem Rand der Öffnung an, nur dass dieser Rand nicht am Topf befestigt wird, während er im Werk der Spinne mit dem Beutel verschweißt ist. Wenn der Schlupf naht, hebt sich diese Scheibe, und die Neugeborenen haben einen Durchgang.

Wenn dieser Teil beweglich und bloß eingesetzt wäre und die Kinder alle gleichzeitig geboren würden, könnte man glauben, dass die Tür von der lebendigen Welle zurückgestoßen wird, die alle Rücken in einer gemeinsamen Anstrengung vereinte. Ein annäherndes Bild des Vorgangs fänden wir in dem Topf, dessen Deckel durch den kochenden Inhalt gehoben wird.

Aber der Stoff des Deckels und der Stoff des Beutels sind fest verschweißt. Außerdem vollzieht sich der Schlupf in kleinen Trupps, die nicht zu der geringsten Anstrengung imstande sind. Der Deckel muss also spontan platzen, und das ist mit dem Platzen der Samenkapseln vergleichbar.

Wenn die trockene Frucht des Löwenmauls ausgereift ist, öffnen sich in ihr drei Fenster, die des Gauchheils teilt sich in zwei Schalen, die an die einer Seifenbüchse erinnern, die der Nelke, die ihre Klappen teilweise voneinander löst, öffnet sich an der Spitze zu einem sternförmigen Loch. Jedes Samenkästchen hat ein eigenes Verschlusssystem, das durch die Liebkosung der Sonne behutsam in Bewegung gesetzt wird.

Nun, diese andere trockene Frucht, die Eierbüchse der Gebänderten Radnetzspinne, hat auch ihren Sprengmechanismus. Solange die Jungen nicht geschlüpft sind, hält die in ihrem Rahmen sicher befestigte Tür; sobald die Kleinen sich regen und hinauswollen, öffnet sie sich.

Es kommen Juni und Juli, die Lieblingsmonate der Zikaden, die auch die wanderungsbegierigen jungen Radnetzspinnen so lieben. Sie stehen vor der großen Schwierigkeit, sich einen Weg durch die robuste Ballonwand öffnen zu müssen. Zum zweiten Mal scheint ein spontanes Platzen erforderlich.

Als Erstes denkt man, dass es an den Rändern des Deckels passiert. Der Ballonhals endet in einem weiten Krater mit einer napfförmig ausgehöhlten Decke. Das Gewebe ist dort so fest wie überall; da dieser Deckel aber das Werk abgeschlossen hat, erwartet man unvollständige Schweißungen, die eine Ablösung ermöglichen.

Diese Bauweise täuscht: Die Decke ist unerschütterlich; in keiner Jahreszeit kann ich sie mit meiner Pinzette herausholen, wenn ich nicht das ganze Gebäude zerstören will. Der Ballon platzt an der Seite. Nichts kündigt an oder lässt vorhersehen, wo dies am ehesten geschieht.

Und eigentlich ist es kein Platzen, sondern der Satin reißt bei starker Sonneneinstrahlung so plötzlich wie die Schale eines überreifen Granatapfels. Angesichts der Ergebnisse denkt man, dass die Ausdehnung der überhitzten Innenluft das Reißen bewirkt. Die Symptome eines nach außen wirkenden Drucks sind offenkundig: Die Fetzen des Gewebes werden nach draußen gelenkt; zudem ergießt sich immer noch ein Schwall rötlicher Eiderdaunen durch die Bresche und füllt den Beutel. In dem ausgestoßenen Flaum zappeln die von der Explosion versprengten kleinen Spinnen.

Die Ballons der Gebänderten Radnetzspinne sind Bomben, die in der Sonnenglut platzen und so ihren Inhalt freisetzen. Zum Aufbrechen brauchen sie die Feuerwellen der Hundstage. In der milden Luft meines Arbeitszimmers öffnen sich die meisten nicht, und die Jungen kommen ohne mein Zutun nicht heraus. Ganz selten öffnen sich welche mit einem wie mit der Zange ausgeschnittenen sauberen runden Loch. Dies ist das Werk der Eingeschlossenen, die sich abwechselnd mit geduldigen Bissen den Stoff an irgendeinem Punkt der Kapsel durchlöchert haben.

Die auf den Rosmarinsträuchern der prallen Sonne

ausgesetzten Ballons platzen, und es ergießt sich eine rötliche Flut aus Flaum und kleinen Tieren. So geschieht es im freien Sonnenbad der Felder. Ohne jeden Schutz, im Gesträuch, reißt der Beutel der Gebänderten Radnetzspinne in der Julihitze durch den Druck der eingeschlossenen Luft. Die Befreiung kommt, indem die Heimstatt explodiert.

Die zarte Kuppel der Wasserspinne Argyroneta

Eine andere, die Wasserspinne (*Argyroneta*), baut sich im Wasser mit Seide eine elegante Taucherglocke, in der sie Luft speichert. Da sie so mit Atemluft versorgt ist, lauert sie im Kühlen auf die Ankunft eines Opfers. In der größten Hitze ist dies wahrhaftig die Behausung einer Genießerin, so wie sie der eine oder andere Phantast manchmal unter Wasser bauen wollte, wozu er viele Marmorblöcke und Quadersteine verwendete. Die vom Wasser überfluteten Decken der Paläste des Tiberius sind nur noch eine widerwärtige Erinnerung; die zarte Kuppel der Wasserspinne hält sich weiter erfolgreich.

Durands Klotho

Diese Spinne heißt Durands Klotho (*Clotho Durandi*, Latr.), um an den Mann zu erinnern, der als einer der Ersten auf dieses Spinnentier aufmerksam gemacht hat. In die Ewigkeit einzugehen mit dem Geleitbrief eines Tierchens, das einen vor dem unter Rauken und Malven so schnellen Vergessen bewahrt, ist ein nicht zu verachtender Vorteil. Die meisten verschwinden ohne Echo, das ihren Namen wiederholt. Sie sind begraben im Vergessen, dem schlimmsten Grab.

Andere Naturforscher benutzen, um sich ein wenig länger über Wasser zu halten, als Nachen den Namen, den sie diesem oder jenem Objekt unter den Schätzen des Lebens gegeben haben. Eine Flechtenkruste auf alten Baumrinden, ein Grashalm, ein schmächtiges Tierchen geben einen Namen ebenso tapfer in die Zukunft weiter, wie dies ein neuer Asteroid tun würde. Diese Art, Verschwundene zu würdigen, ist trotz des damit betriebenen Missbrauchs höchst ehrenwert. Wo findet man denn Besseres als einen Skarabäusflügel, ein Schneckengehäuse oder eine Spinnwebe, um ein einigermaßen dauerhaftes Epitaph einzugravieren? Granit hat nicht den gleichen Wert. Eine hartem Stein anvertraute Inschrift vergeht, die einem Schmetterlingsflügel anvertraute ist unzerstörbar. Also gut, einverstanden mit Durand.

Doch was hat »Klotho« hier zu suchen? Geschah dies durch eine Laune des Namensgebers, dem es an Silben fehlte, um die steigende Flut der zu katalogisierenden Tiere zu benennen? Das stimmt nicht ganz. Ihm ist ein mythologischer Name eingefallen, der gut klang und obendrein für die Bezeichnung einer Spinnerin nicht unpassend war. Die antike Klotho ist die jüngste der drei Parzen; sie hält den Spinnrocken, an dem unser Schicksal gesponnen wird; dieser ist überreichlich mit groben Flocken, einigen Seidenfäden und selten mit einem dünnen Goldfaden umwunden.

Von anmutiger Gestalt und Bekleidung, so weit dies bei einer Spinne überhaupt sein kann, ist die Klotho der Naturforscher vor allem eine hochbegabte Spinnerin, und deshalb erhielt sie den Namen der infernalischen Gottheit mit dem Spinnrad. Leider endet die Analogie hier. Die mythologische Klotho, die mit ihrer Seide knauserig und mit ihren groben Flocken freigiebig ist, spinnt uns ein hartes Leben; die achtbeinige Klotho verwendet nur feine Seide; die eine arbeitet für sich, die andere für uns, die diese Mühe kaum verdienen.

Möchten wir sie kennen lernen? Drehen wir auf den von der Sonne im Land des Ölbaums kalzinierten Felshängen flache Steine von einer bestimmten Größe um; untersuchen wir vor allem die von den Schäfern zusammengetragenen Haufen, auf denen sie sich einen Sitz einrichten, um die zwischen Lavendelbüschen grasenden Schafe im Auge zu haben. Lassen wir uns nicht entmutigen; die Klotho ist selten, nicht alle Reviere gefallen ihr. Wenn das Glück unsere Ausdauer endlich belohnt, entdecken wir an der Unterseite des hochgehobenen Steins ein verwittertes Bauwerk, das wie eine umgekehrte Kuppel aussieht und etwa so groß wie eine halbe Mandarine ist. Es ist mit Muscheln, Erdklümpchen und vor allem mit vertrockneten Insekten inkrustiert oder behaftet.

Der Kuppelrand setzt sich strahlenförmig mit einem Dutzend eckiger Verlängerungen fort, deren Spitzen auseinandergehen und am Stein befestigt sind. Zwischen diesen Halteriemen öffnen sich ebenso viele umgekehrte weite Arkaden. Dies ist die Behausung aus Kamelhaar, das Zelt des Ismaeliten, jedoch mit der Oberseite nach unten. Ein zwischen den Halteriemen gespanntes flaches Dach schließt die Behausung oben ab.

Wo ist nun der Eingang? Alle Arkaden des Rands sind zum Dach hin offen, keine führt ins Innere. Vergebens sucht das Auge, nichts deutet auf eine Verbindung zwischen drinnen und draußen. Doch die Hüttenbesitzerin muss hin und wieder nach draußen, und sei es nur, um Nahrung zu suchen; und danach muss sie wieder hinein. Wo kommt sie durch?

Mit einem Strohhalm streichen wir über die Schwelle der Arkaden. Überall stößt er auf Widerstand, alles ist fest geschlossen. Ein einziger Bogen, der genau wie die übrigen aussieht, teilt sich, geschickt gereizt, am Rand in zwei Lippen und öffnet sich ein wenig. Dies ist die Tür, die sich durch ihre eigene Elastizität gleich wieder schließt. Das ist nicht alles: Die Spinne schiebt, heimgekehrt, oft die Riegel vor. Das heißt: Mit etwas Seide bringt sie die Türflügel zusammen und befestigt sie.

In ihrer Erdhöhle mit dem vom Boden nicht zu unterscheidenden Scharnierdeckel ist die Tapezierspinne nicht sicherer als die Klotho in ihrem Zelt, das für jeden Feind, der die Methode nicht kennt, unangreifbar ist. Bei Gefahr eilt die Klotho nach Hause; mit der Kralle stößt sie die Spalte auf und verschwindet. Die notfalls mit einem Schloss aus mehreren Fäden versehene Tür schließt sich von selbst. Ein von den vielen völlig gleichen Arkaden verwirrter Einbrecher entdeckt nie, wie die Verfolgte so plötzlich verschwunden ist.

Die bei den Schutzmechanismen nicht so einfallsreiche Klotho ist in Bezug auf häuslichen Komfort der Tapezierspinne unvergleichlich überlegen. Öffnen wir ihre Kabine. Welch ein Luxus! Der Legende nach konnte ein Sybarit der Antike nicht schlafen, weil ihm ein gefaltetes Rosenblatt Schmerzen bereitete. Die Klotho ist nicht minder anspruchsvoll. Ihr Lager ist feiner als Schwanendaunen und weißer als die Wolkendecke, in der sich Sommergewitter zusammenbrauen. Dies ist ideales weiches Wollzeug. Darüber befindet sich ein ebenso weicher Betthimmel. Zwischen beiden ruht recht beengt die dunkel gewandete kurzbeinige Spinne mit den fünf gelben Kokarden auf dem Rücken.

Das Ausruhen in diesem vorzüglichen kleinen Raum verlangt perfekte Standfestigkeit, vor allem an stürmischen Tagen, wenn Zugwinde unter den Stein dringen. Diese Bedingung wird bestens erfüllt. Die Girlanden, die das Dach mit einer Balustrade umschlingen und das Bauwerk tragen, sind an der Steinplatte befestigt. Außerdem läuft von jedem Haltepunkt ein Bündel Fäden aus, die über den Stein kriechen, in ganzer Länge an ihm haften und sich weit ausbreiten. Einige waren bis zu einer Spanne lang. Dies sind Verankerungskabel; sie entsprechen den Pflöcken und Leinen, die das Zelt des Beduinen halten. Mit so vielen systematisch angeordneten Stützen kann die Hängematte nicht losgerissen werden, höchstens durch Grausamkeiten, deretwegen sich die Spinne nicht beunruhigen muss, so selten sind sie.

Ein weiteres Detail fällt auf. Während die Behausung innen wohltuend sauber ist, ist sie außen von Schmutz, Erdklumpen, fauligen Spänen und von Kieseln überzogen. Oft ist es noch schlimmer; das Äußere des Zelts wird zu einem Massengrab. Dort findet man, inkrustiert oder daran haftend, vertrocknete Staubkäfer, Trübkäfer und andere Schwarzkäfer, die gern unter Felsen schlüpfen, dazu sonnengebleichte Schnurasselnstücke, Muscheln von Moosschrauben, die Kies lieben, und schließlich Schnirkelschnecken, vorwiegend ganz kleine.

Diese Überbleibsel sind offenkundig zumeist Speisereste. Die in der Kunst des Schlingenlegens ungeübte Klotho betreibt Hetzjagden; sie frisst die von Stein zu Stein ziehenden Vagabunden. Wer nachts unter die Steinplatte eindringt, wird totgebissen. Der ausgesaugte Kadaver wird an die Seidenwand gehängt, als wollte die Spinne aus ihrer Behausung ein Schreckbild machen. Das aber ist gewiss nicht ihr Ziel. Sich als Kannibale zu präsentieren, der seine Opfer am Galgen seiner Burg aufhängt, ist nicht dazu angetan, Passanten zu beruhigen, auf deren Fang man lauert.

Andere Gründe verstärken den Zweifel. Die angehängten Muscheln sind meistens leer, doch in einigen lebt noch das unversehrte Weichtier. Was soll die Klotho mit einer Pupa cinerea (einem Grauen Tönnchen), einer Pupa quadridens (Vierzahnigen Moosschraube) und anderen schmalen Windelschnecken, mit Tieren, die in unzugängliche Tiefen zurückweichen? Warum sammelt die Spinne dann ein Fundstück, dessen klebriges Fleisch ihr vermutlich gar nicht schmeckt? Hier geht es wohl einfach um Ballast und stabiles Gleichgewicht. Damit sich ihr in Mauerwinkeln gewebtes Netz nicht gleich beim kleinsten Hauch verformt, beschwert die Hausspinne es mit Gipsschutt; sie lässt dort kleine Mörtelansammlungen zu. Ob wir es hier mit einer gleichartigen Kunstfertigkeit zu tun haben? Machen wir ein Experiment, das Mutmaßungen vorzuziehen ist.

Die Klotho aufzuziehen ist nicht schwierig. Die schwere Steinplatte, unter der sich die Behausung befindet, muss man nicht mit nach Hause nehmen. Mit dem Taschenmesser löse ich die Haltetaue vom Stein. Nur selten nimmt die Spinne Reißaus, denn sie ist sehr häuslich. Außerdem bin ich sehr rücksichtsvoll und transportiere die Unterkunft samt ihrer Eigentümerin in einer Tüte.

Die schweren und schlecht zu transportierenden flachen Steine werden durch Tannenholzscheiben, Käseschachtelreste oder runde Pappstücke ersetzt. Getrennt davon lege ich die seidene Hängematte an, indem ich die eckigen Verlängerungen mit kleinen gummierten Papierstreifen befestige. Drei kleine Pfeiler tragen das ganze Werk. In Gestalt von kleinen Dolmen werden so die Schutzräume unter den Felsen hinreichend nachgeahmt. Wenn man während der Arbeit Stöße und

Erschütterungen vermeidet, flüchtet die Spinne nicht. Schließlich werden die Apparate unter Drahtglocken mit Sand gestellt.

Am nächsten Morgen können wir schon eine Antwort auf die Frage bekommen. Wenn eine der an der Decke der Dolmen aus Tannenholz oder Pappe hängenden Kabinen beim Herausholen zu sehr ramponiert oder verformt wurde, sucht sich die Spinne nachts eine andere Wohnung, manchmal direkt auf dem Drahtgewebe.

Das neue Zelt, das Werk weniger Stunden, hat gerade den Durchmesser eines Zwei-Francs-Stücks. Nach denselben Grundsätzen wie alte Herrenhäuser gebaut, besteht es aus zwei übereinanderliegenden dünnen Netzen. Das obere ist flach und bildet einen Betthimmel, das untere ist gebogen und wie ein Täschchen geformt. Dessen Gewebe ist sehr fein; ein Nichts würde es verzerren und den für die Eingeschlossene gerade ausreichenden Raum reduzieren.

Was unternimmt nun das Spinnentier, um die zarte Gaze straff zu halten, zu stabilisieren und ihr größtmögliches Fassungsvermögen zu bewahren? Genau das, was ihr unsere Statiklehrbücher raten würden: Sie hat ihren Bau mit Ballast beschwert; sie hat seinen Schwerpunkt möglichst tief gelegt. Von der konvexen Tasche hängen lange Ketten von mit Seidenschnürchen verbundenen Sandkörnern. Zu diesen Sandstalaktiten, die einen dichten Bart bilden, kommen noch schwere Klumpen, die einzeln an Fadenenden hängen und tiefer hinabsteigen. Das Ganze dient als Ballast, als ein Apparat, der Gleichgewicht und Spannung sichert.

Der in einer Nacht eilig errichtete Bau ist eine schwache Skizze der späteren Behausung. Es kommen mehrere Schichten hinzu, und die Wand wird zu einem dichten Flanell, der in einem Teil von sich die erforderliche Krümmung und Kapazität bewahren kann. Dann werden die für die Spannung des ursprünglichen Täschchens so nützlichen Sandstalaktiten aufgegeben, und die Spinne belegt ihre Behausung nur mit etwas schwereren Objekten, hauptsächlich mit Insektenkadavern, die sie ja nach jeder Mahlzeit unter den Beinen hat. Dies sind Bausteine, keine Trophäen; sie ersetzen Material, das man in einiger Entfernung sammeln und hochziehen müsste. So erhält der Wohnsitz eine Panzerung. Für zusätzliches Gleichgewicht sorgen oft kleine Muscheln und andere an langen Fäden aufgehängte Objekte.

Was würde geschehen, wenn man den Belag einer uralten Hütte abzöge? Würde die Spinne bei einer solchen Katastrophe zu den Sandstalaktiten als einem schnellen Stabilisierungsmittel zurückkehren? Das werden wir bald wissen. Unter meinen Drahtglockensiedlungen suche ich eine ziemlich große Kabine aus. Ich entblöße sie; sorgfältig entferne ich jeden Fremdkörper. Dort erscheint die Seide wieder in ihrem ursprünglichen reinen Weiß. Die Behausung wirkt großartig, doch ich finde sie zu schlaff.

Was macht sie nun in ihrer so weich gepolsterten Behausung? Nichts, soviel ich weiß. Mit vollem Magen und den genüsslich auf dem flauschigen Teppich ausgestreckten Beinen macht sie nichts, denkt an nichts. Sie horcht, wie die Erde sich dreht. Dies ist kein Schlaf und erst recht kein Wachsein; es ist ein Zwischenzustand, in dem nur ein vages Wohlgefühl fortdauert. Kurz vorm Einschlafen in einem guten Bett haben wir Augenblicke der Glückseligkeit, ein Vorspiel zum Erlöschen des Denkens und seiner Unerquicklichkeiten, und diese Augenblicke sind gewiss die süßesten. Die Klotho scheint ähnliche Augenblicke zu kennen und genießt sie.

Stoße ich die Kabinentür auf, finde ich stets die wie in eine endlose Meditation versunkene reglose Spinne. Ich muss sie mit meinem Strohhalm aus ihrer Andacht reißen. Nur der Stachel des Hungers treibt sie hinaus; und da sie äußerst enthaltsam lebt, erscheint sie selten. Während meiner dreijährigen Beobachtungen in der Ungestörtheit meines Arbeitszimmers habe ich sie nur mal tagsüber den Bereich der Glocke erkunden sehen. In den frühen Morgenstunden wagt sie sich auf Nahrungssuche. Ihr dabei zu folgen ist kaum machbar.

Dank meiner Geduld entdeckte ich sie gegen zehn Uhr abends, als sie auf ihrem flachen Dach frische Luft schnappte. Von dort aus erspähte sie gewiss auch nahendes Wild. Meine helle Kerze erschreckte die Freundin des Dunkels; sie zog sich sofort zurück und verweigerte jedwede Offenbarung ihrer kleinen Geheimnisse. Nur hing am nächsten Tag ein weiterer Kadaver an der Hütte, der Beweis, dass sie danach ihre Jagd wiederaufnahm.

Die äußerst scheue, nachtaktive Klotho zeigt uns ihre Werke, kostbare historische Dokumente, doch sie verheimlicht uns ihre Tätigkeiten, besonders die Eiablage, die ich auf ungefähr Oktober ansetze. Die Eier werden auf fünf oder sechs linsenförmige flache Täschchen aufgeteilt, die den größten Teil der Unterkunft einnehmen. Diese Kapseln haben eine Trennwand aus prächtigem weißem Satin, aber sind dermaßen miteinander sowie mit dem Fußboden verschweißt, dass man sie, ohne sie zu zerreißen, weder trennen noch einzeln herauslösen kann. Insgesamt sind es etwa hundert Eier.

Auf dem Täschchenhaufen sitzt die Mutter mit der gleichen Hingabe wie eine Henne auf ihrer Brut. Die Mutterschaft hat ihr von ihrer Frische nichts genommen. Obwohl abgemagert, wirkt sie noch immer wunderbar gesund; ihr runder Bauch und ihre straffe Haut bestätigen, dass ihre Rolle noch nicht beendet ist.

Wenn die heißen Junitage kommen, durchbrechen die Jungen, wahrscheinlich mit Hilfe der Mutter, ihre Zellenwand, sie verlassen das mütterliche Zelt, dessen Geheimausgang sie kennen, schöpfen an der Schwelle ein paar Stunden lang frische Luft und fliegen davon, an einem aerostatischen Faden, dem ersten Erzeugnis ihrer Drahtzieherei.

Die Jungen der Klotho, der Labyrinthspinne und vieler anderer Spinnen geben uns alle das gleiche Rätsel auf: Sie bewegen sich und fressen nicht. In jeder Periode ihres Kindesalters, selbst mitten im Winter, in den rauen Januartagen, zerreiße ich die Täschchen der einen und das Tabernakel der anderen in der Erwartung, die Kinderschar in tiefer Trägheit zu finden, starr vor Kälte und Nahrungsmangel. Nun, so ist das beileibe nicht. Sobald ihre Zellen aufgebrochen sind, kommen die Einsiedler heraus und stieben auseinander, so flink wie in den besten Zeiten ihres normalen Lebens in Freiheit. Ein Wunder, sie umhertrippeln zu sehen. Eine Nest junger Rebhühner, das ein Hund aufstöbert, leert sich nicht schneller.

Die Küken, noch winzige gelbe Flaumkugeln, eilen auf den Ruf der Mutter herbei; sie rennen zu dem Teller mit den kleinen Reiskörnern. Die Gewohnheit hat uns gegen den Anblick dieser so schnell und präzise funktionierenden, anmutigen kleinen tierischen Maschinen gleichgültig gemacht; wir beachten sie nicht weiter, so einfach erscheint uns das. Die Wissenschaft prüft und sieht die Dinge anders. Sie sagt sich: »Aus nichts wird nichts; das Küken ernährt sich, es verbraucht oder, besser gesagt, es setzt um und macht die Nahrung zu Wärme, die sich in Energie umwandelt.«

Wenn man uns von einem Küken erzählte, das sieben oder acht Monate imstande ist, schnell zu laufen, stets beweglich und flink, aber seit es aus dem Ei kam, sich nicht mit dem kleinsten Bissen gestärkt hat, fänden wir keine Worte, um unsere Ungläubigkeit auszudrücken. Nun, dieses Paradox einer nicht von Nahrung gestützten Aktivität verwirklichen die Klotho und die anderen.

Ich glaube bewiesen zu haben, dass die jungen Wolfsspinnen keine Nahrung zu sich nehmen, solange sie bei ihrer Mutter sind. Streng genommen wären Zweifel zulässig, weil die Beobachtung nicht sagt, was früher oder später in der geheimnisvollen Erdhöhle geschehen kann. Vielleicht würgt die übersatte Mutter dort für ihre Familie ein paar Krümel aus. Auf diese Vermutung gibt die Klotho eine Antwort.

Wie bei der Wolfsspinne sind die Kleinen durch die Zellenwände hermetisch abgeschlossen, und die Weitergabe von fester Nahrung ist somit unmöglich. Wenn wir an Nahrungsflüssigkeiten denken sollten, die von der Mutter ausgeworfen und durch die Trennwände sickern würden, so brächte uns die Labyrinthspinne von diesem Gedanken ab. Einige Wochen nach dem Schlupf verendet sie, und die noch ein halbes Jahr lang eingeschlossenen Kleinen bewegen sich trotzdem lebhaft.

Ernähren sie sich von der Seidenhülle? Fressen sie ihr Haus? Die Hypothese ist nicht absurd, denn wir haben ja gesehen, dass die Radnetzspinnen die Trümmer des alten Netzes verschlucken, ehe sie ein neues beginnen. Doch diese Erklärung ist unzulässig, versichert uns die Wolfsspinne, deren Familie ohne Seidenvorhang auskommen muss. Kurz, es steht fest, dass die Jungen beider Spinnen keine Nahrung zu sich nehmen.

Schließlich fragt man sich, ob sie in sich noch Reserven aus dem Ei haben, Fette oder andere Stoffe, deren allmähliche Verbrennung sich in mechanische Arbeit umsetzen würde. Wenn der Energieaufwand nur ein paar Stunden oder Tage dauerte, könnte man sich leicht an diesen Gedanken von einer der Bewegung dienenden Wegzehrung halten, die jedem Geschöpf, das auf die Welt kommt, beigegeben ist. Das Küken besitzt diese in hohem Maße; es hält sich fest auf den Beinen und bewegt sich einige Zeit allein mit der vom Ei gelieferten Nahrungsenergie; wenn aber dem Magen neues Futter fehlt, erlischt der Energieherd, und der Vogel stirbt. Was würde geschehen, wenn sich das Küken sieben oder acht Monate lang auf den Beinen halten, umherrennen und vor Gefahren flüchten müsste? Wo würde es die dafür nötigen Reserven unterbringen?

Wo könnte hingegen die kleine Spinne, ein unbedeutendes Körperchen, den Brennstoff speichern, der ihre Beweglichkeit so lange erhält? Davor schreckt die Vorstellungskraft zurück, verwirrt von einem Atom mit einem unerschöpflichen Vorrat an Fett, das der Bewegung dient.

Dann müssen wir auf Immaterielles zurückgreifen, besonders auf Wärmestrahlungen von außen, die der Organismus in Bewegung umsetzt. Dies ist auf ihren einfachsten Ausdruck reduzierte Energienahrung: Die Bewegungswärme wird nicht der Nahrung entnommen, sondern direkt genutzt, so wie die Sonne, der Herd allen Lebens, sie ausstrahlt. Die rohe Materie hat verwirrende Geheimnisse, wie dies das Radium bezeugt. Die lebende Materie hat Geheimnisse, die noch wunderbarer sind. Nichts sagt uns, dass die Wissenschaft aus der von der Spinne in Gang gesetzten Überlegung nicht eines Tages eine bewiesene Wahrheit und einen grundlegenden Lehrsatz der Physiologie macht.

Eine Schlammarbeiterin jagt Netzspinnen

Nachdem wir den Vorratskrug kennen, wollen wir sehen, was er enthält. Die *Pelopeia*-Larven bekommen Spinnen, eine Kost, die Agenien und Wegwespen ebenfalls mögen. Die Beute ist vielfältig, selbst in nur einem Nest, in nur einer Zelle. Zur Ration kann jede Spinne gehören, die in den Krug passt. Meine Listen vermerken folgende Gattungen: *Epeira*, *Segestria*, *Clubionus*, *Attus*, *Theridion* und *Lycosa*. Man könnte weitere nennen, wenn es sich lohnte, die Speisekarte fortzusetzen. Die Gattung *Epeira* (Radnetzspinnen) überwiegt. Am häufigsten sind diese Arten: *diadema*, *scalaris*, *adianta*, *pallida* und *angulata*. Die *Epeira diadema* mit ihrem dreifachen Kreuz aus weißen Punkten auf dem Rücken erscheint am häufigsten.

In dieser Häufigkeit erkenne ich keine besondere Vorliebe der Schlammarbeiterin für dieses Wildbret. Bei seinen Beutezügen entfernt sich das Insekt kaum von seinem Domizil; es inspiziert alte Gemäuer, die Gärten ringsum und fängt, was sich bietet. Und in der Zeit des Nestbaus ist hier die *Epeira diadema* am häufigsten. Jedes mit Schilf eingezäunte Gärtchen vor der vom Töpfer so geliebten Bauernhütte und jede ein Kohlbeet umschließende Weißdornhecke zeigen mir das Spinnentier mit dem Papstkreuz, das sein Netz spinnt oder in seinem Gespinst auf Beute lauert. Wenn ich für meine Studien Spinnen brauche, finde ich vor meiner Tür gewiss eine *Epeira diadema*. Als viel schlauere Pirschjägerin fängt die Schlammarbeiterin leicht solch ein Stück; und daher überwiegt die *Epeira* im Vorratshaufen.

Die mit Giftzangen bewaffnete Spinne ist ein gefährliches Wildbret; stattlich gebaut, verlangt sie von ihrem Gegner Kühnheit und vor allem ein taktisches Geschick, welches die Schlammarbeiterin offenbar nicht in großem Maße besitzt. Andererseits erlauben die kleinen Zellen keine so umfangreichen Beutestücke wie die vom *Calicurgus annulatus* gejagte Tarantel. Der *Calicurgus* deponiert sein feistes Opfer in einer Höhle, die er im Schutt am Fuße alter Mauern leicht findet; die *Pelopeia* steckt ihre Beute in einen Topf, ein aufwändiges Werk, das so klein sein muss, wie es die Larve nur verträgt. Die Schlammarbeiterin jagt daher mittelgroßes Wildbret, das kleiner ist, als es die stattliche Erscheinung des Insekts vermuten ließe. Wenn sie ein Stück findet, das fett werden kann, nimmt sie es stets in jungem Zustand. Dies ist der Fall bei der *Epeira diadema*, die, ausgewachsen und den Bauch voller Eier, fast mit der Tarantel des *Calicurgus* konkurriert und nur in den Vorratstopf kommt, wenn sie noch lange nicht ausgewachsen ist. Im Übrigen sind manche Stücke ein oder zwei Mal so groß wie andere, wenn nicht größer. Wichtig ist, dass die Beute in den kleinen Krug passt. Die verschieden großen Stücke führen zu ebenso verschiedenen Mengen. Diese Zelle ist mit einem Dutzend Spinnen voll, jene mit fünf oder sechs. Im Durchschnitt sind es acht. Und wie bei den übrigen

Hautflüglern wird der Aufwand für die Speisung auch durch das Geschlecht des Säuglings geregelt. Höhepunkt in der Biografie jedes Beutejägers ist die Angriffsmethode; daher wollte ich die Schlammarbeiterin unbedingt beim Beutefang sehen. Mein geduldiges Warten vor ihren Jagdgründen, vor alten Mauern und Gestrüpp, war nicht von Erfolg gekrönt. Ich sehe, wie die Schlammarbeiterin sich auf die Spinne stürzt, die panisch flüchtet, wie sie diese umschlingt und wegträgt, beinahe ohne zu landen. Die anderen Räuberischen Hautflügler landen, bereiten sich sorgsam vor und verteilen ihre Lanzettenstiche mit der Gemessenheit, die eine heikle Operation verlangt. Sie stürzt los, fasst zu, fliegt fort, wie die Kreiselwespen. Die Entführung geschieht so schnell, dass man vermuten kann, die Schlammarbeiterin benutzt Stachel und Kieferzange erst während des Flugs, beim Heimweg. Diese mit einer wissenschaftlichen Chirurgie unvereinbare heftige Methode erklärt uns die engen Zellen und die Vorliebe für kleinere Spinnen noch besser. Eine robuste Beute mit zwei giftigen Zangen wäre eine tödliche Gefahr für den Räuber, der Vorsichtsmaßnahmen verschmäht. Der Mangel an Geschicklichkeit bedingt schwache Opfer. Er lässt uns auch vermuten, dass die so rasch ergriffene Spinne stirbt.

Tatsächlich untersuchte ich mit meinen lupenbewehrten Augen oft Kammern, in denen der Schlupf noch nicht erfolgt war, ein Beweis dafür, dass die Vorräte frisch waren: Nie zittern Tarsen oder Krallen der Opfer. Ich kann sie nur mit Mühe konservieren; nach etwa zehn Tagen schimmeln und faulen sie. Die im Topf der Schlammarbeiterin deponierten Spinnen sind also tot oder fast tot. Kennt sie nicht die wissenschaftliche Lähmung, die der *Calicurgus* an der Tarantel vornahm, die sieben Wochen frisch bleibt, oder ist sie bei der heftigen Attacke unmöglich? Haben wir es hier nicht mehr mit einem feinfühligen Praktiker zu tun, der alle Bewegungen ausschaltet, ohne das Leben zu zerstören, sondern mit einem brutalen Schlächter, der tötet, um reglos zu machen? Das welke Aussehen und der rasche Verfall der Opfer sprechen dafür.

Was ich indes ohne lange Studien gut erkenne, ist die logische Methode der Schlammarbeiterin, die von Fäulnis bedrohten Kadaver zu nutzen. Erstens gibt es in jeder Kammer mehrere Beutestücke. Das von der Larve benagte, mit der Kieferzange zermalmte, aufgegebene und dann woanders benagte Stück ist bald eine unförmige, aufgelöste Masse, die noch leichter fault. Aber es ist klein und wird folglich auf einmal verzehrt, bevor es verwest; denn wenn die Larve eine Spinne angebissen hat, bleibt sie dabei. Die übrigen Stücke bleiben folglich unversehrt, und das genügt, um sie in der kurzen Ernährungsperiode leidlich frisch zu halten. Auf diese Weise werden die nacheinander verzehrten zahlreichen Stücke, aus denen die Ration besteht, trotz ihres Leichenzustands etliche Tage konserviert.

Stellen wir uns dagegen ein einziges feistes Stück vor, das für die gesamte Verpflegung reicht, und die Umstände werden widerlich. Das überall angeknabberte üppige Stück mit seinen vielen Wunden wird bald zu tödlichem Eiter; es wird die Larve mit der von den Wunden hervorgerufenen Fäulnis vergiften. Ein solches

Prachtexemplar verlangt von vornherein, dass das organische Leben auch bei Ausschaltung der Bewegungsfähigkeit aufrechterhalten wird, mit einem Wort, Lähmung; es erfordert auch vom Verzehrer eine besondere Esskunst, die das Wichtige verschont, um nacheinander das weniger Wichtige anzugreifen, wie wir es von den Dolchwespen und den Grabwespen kennen. Da die Schlammarbeiterin aus mir unbekannten Gründen die Kunst des Lähmens nicht beherrscht und ihre Larve nicht imstande ist, ein großes Stück gefahrlos zu verzehren, tut sie gut daran, ihrer Brut viele kleine Nahrungsstücke zu verabreichen. Die engen Magazine sind nicht ausschlaggebend für ihre Wahl: Der Töpfer könnte, wenn dies von Vorteil wäre, durchaus größere Vorratskrüge herstellen. Am wichtigsten ist die Konservierung toten Proviants, und um diese für die kurze Ernährungsperiode zu gewährleisten, nimmt die Jägerin nur kleine Spinnen.

Es gibt hier noch Besseres. Wenn ich die gerade verschlossenen Zellen öffne, finde ich das Ei nie ganz oben auf dem Haufen, auf der letzten eingebrachten Spinne, sondern ganz unten, auf der ersten. Beim Beginn jeder Verproviantierung sehe ich das Ei auf der einzigen vorhandenen Spinne. Diese Regel erlaubt keine Ausnahme: Auf dem ersten Stück befestigt die Schlammarbeiterin sofort ihr Ei, bevor sie wieder auf Jagd geht, um die Ration zu vervollständigen. Ebenso machen es die Kreiselwespen mit ihren toten Zweiflüglern: Das erste eingekellerte Stück erhält das Ei.

Das Ei wird auf große oder kleine Stücke gelegt, je nachdem, was zuerst gefangen wurde. Es ist weiß, zylindrisch, leicht gebogen, 3 mm lang und knapp 1 mm breit. Es wird fast immer auf denselben Punkt gelegt, auf den Beginn des seitlichen Spinnenhinterleibs. Die neugeborene Larve beißt, wie bei den Räuberischen Hautflüglern üblich, zuerst dort zu, wo das Kopfende des Eis befestigt war. So findet sie als erste Nahrung die saftigste und zarteste Partie: den fetten Bauch der Spinne. Dann folgt die muskelreiche Brust, und zum Schluss werden auch die Beine, dürre Dinger, nicht verschmäht. Alles geht runter, vom Besten zum Gröbsten; und am Ende des Mahls ist von dem Spinnenhaufen fast nichts übrig. Dieses Schlemmerleben dauert acht bis zehn Tage.

Die Arglist der Wegwespe und die Einfalt der Spinne

Mein Garten war von einer schwarzen, verfallenen Mauer umgeben, in deren Ritzen eine Spinnenpopulation wohnte, meistens Vertreter von *Segestria perfida*, der »Schwarzen Spinne«, auch Kellerspinne genannt. Sie ist, bis auf die Kieferzangen, die von einem prächtigen metallischen Grün sind, ganz und gar tiefschwarz. Ihre beiden Giftdolche wirken wie kunstvolle bronzene Schmiedearbeit. In keinem verlassenen Gemäuer gibt es eine ruhige Ecke, ein fingergroßes Loch, wo sich nicht eine *Segestria* einnistet. Ihr Gewebe ist ein großer Trichter, höchstens eine Handspanne breit, der auf der Mauer liegt, wo er mit den nach allen Seiten auslaufenden Fäden befestigt ist. Auf diese konische Fläche folgt eine Röhre, die in ein Mauerloch hineinreicht. An ihrem Ende ist das Esszimmer, wohin die Spinne sich zurückzieht, um ihre Beute in Ruhe zu verspeisen.

Die zwei hinteren Beine in die Röhre gesteckt, um einen Ansatzpunkt zu haben, und die sechs anderen über der Öffnung, um das ein Wildbret anzeigende Beben besser wahrzunehmen, liegt die *Segestria* reglos vorm Trichter und wartet, dass ein Insekt sich in der Falle verfängt. Dicke Fliegen, Mistbienen, die mit ihren Flügeln unbedacht Netzfäden streifen, sind die üblichen Opfer. Beim ersten Zappeln eines gefangenen Zweiflüglers läuft, ja springt die Spinne hinzu, wird aber durch einen aus ihren Spinndrüsen herausfließenden Faden zurückgehalten, der an ihrer Seidenröhre befestigt ist. Das bewahrt sie beim Sprung an eine senkrechte Fläche vorm Absturz. In den Kopf gebissen, ist die Mistbiene sofort tot, und die *Segestria* trägt sie in ihre Höhle.

Dank dieser Methode und dieser Jagdgeräte, einem Hinterhalt auf dem Boden eines Schlunds aus Seide, nach allen Seiten auslaufenden Schlingen, einem Rettungsfaden, der den Jäger hält und ihm einen plötzlichen Sprung ohne die Gefahr eines Absturzes erlaubt, kann die *Segestria* auch weniger harmlose Tiere als Mistbienen fangen. Eine Wespe, sagt man, schreckt sie nicht. Das glaube ich gerne, ohne es überprüft zu haben, denn die Kühnheit des Spinnentiers habe ich kennen gelernt.

Diese Kühnheit wird durch die Wirkung des Gifts verstärkt. Man braucht nur zu sehen, wie eine *Segestria* eine große Fliege fängt, um von der blitzartigen Wirkung ihrer in den Insektennacken beißenden Haken überzeugt zu sein. Der Tod der im Seidentrichter hängengebliebenen Mistbiene ist der plötzliche Tod der Hummel beim Eindringen in die Höhle der Tarantel. Die Wirkung des Gifts auf den Menschen kennen wir dank der Forschungen von A. Dugès. Hören wir den mutigen Experimentator:

»Die *Segestria perfida* oder Große Kellerspinne, die hierzulande als giftig gilt, wurde als wichtigstes Versuchsobjekt ausgewählt. Sie war 9 lignes 25 lang, gemessen von den Kieferzangen bis zu den Spinndrüsen. Sie mit zwei Fingern von hinten an den zusammengefalteten und zusammengezogenen Beinen fassend (so greift man lebende Spinnen, um nicht gestochen zu werden und sie zu bändigen, ohne sie zu verstümmeln), setzte ich sie auf verschiedene Gegenstände und auf meine Kleidung, ohne dass sie die geringste Lust zeigte, Schaden anzurichten; aber kaum hatte ich sie auf meinen nackten Unterarm gesetzt, packte sie mit ihren metallisch grünen kräftigen Kieferzangen eine Hautfalte und grub ihre Haken tief ein. Obwohl ich sie losgelassen hatte, blieb sie hängen; dann löste sie sich, fiel ab und flüchtete, zwei 4 mm voneinander entfernte winzige Wunden hinterlassend, die aber kaum bluteten, mit einem kleinen Bluterguss wie nach einem Stich mit einer dicken Nadel.

Im Augenblick des Bisses war die Empfindung lebhaft genug, um als Schmerz bezeichnet zu werden, und sie dauerte fünf bis sechs Minuten, war aber nicht mehr so stark. Ich könnte sie mit der Wirkung der Brennnessel vergleichen. Fast augenblicklich bildete sich um die zwei Stiche eine weißliche Erhebung, und im Umkreis von etwa einem Zoll rötete sich die Haut wie bei Rotlauf, begleitet von einer ganz leichten Schwellung. Nach anderthalb Stunden war alles verschwunden, bis auf die Einstichstellen, die sich, wie es bei jeder kleinen Wunde gewesen wäre, noch einige Tage hielten. Das war im September, bei recht kühlem Wetter. Vielleicht wären in einer wärmeren Jahreszeit intensivere Symptome aufgetreten.«

Die Wirkung des Giftes der *Segestria* ist deutlich, aber nicht bedrohlich. Ein Stich, der lebhaften Schmerz und eine Schwellung mit Rotlauf-Röte hervorruft, ist keine Lappalie. Auch wenn das Experiment von Dugès uns in Bezug auf uns selbst beruhigt, ist es eine Tatsache, dass das Gift der Kellerspinne bei Insekten schrecklich wirkt, sei es aufgrund der geringen Größe des Opfers, sei es wegen seiner besonderen Wirkung auf einen Organismus, der sich von unserem sehr unterscheidet. Trotzdem kämpft die Wegwespe, obwohl der *Segestria* an Kraft und Größe weit unterlegen, gegen die Schwarze Spinne, und es gelingt ihr, dieses schreckliche Wildbret zu überwältigen. Es handelt sich um *Pompilus apicalis* V. Lind., die kaum größer als die Honigbiene, aber viel schlanker ist. Sie ist völlig schwarz; ihre Flügel sind dunkelbraun mit durchsichtigen Spitzen. Folgen wir ihr bei ihren Ausflügen an das alte Gemäuer, in dem die *Segestria* wohnt; folgen wir ihr ganze Nachmittage lang in der Julihitze, und wappnen wir uns mit Geduld, denn für den gefährlichen Fang des Wildbrets muss der Hautflügler sehr lange brauchen.

Der Spinnenjäger untersucht die Mauer sorgfältig; er rennt hin und her, hüpft und fliegt; er kommt und geht, huscht hin und her. Die Fühler vibrieren, die erhobenen Flügel schlagen fortwährend gegeneinander. Ah, da ist er, am Trichter der *Segestria*. Sogleich erscheint die bis dahin unsichtbare Spinne am Eingang der Röhre; sie streckt ihre sechs vorderen Beine nach draußen, um den Jäger zu empfangen. Weit entfernt davon, vor der schrecklichen Erscheinung zu flüchten, belauert sie den, der sie belauert, ganz darauf eingestellt, ihren Feind zur Beute zu machen. Vor solch stolzer Haltung weicht die Wegwespe zurück. Sie prüft das begehrte Wildbret, umkreist es einen Augenblick und verschwindet, ohne etwas zu unternehmen. Als sie fort ist, geht die *Segestria* rückwärts in ihre Wohnung. Wieder kommt der Hautflügler an einem bewohnten Trichter vorbei. Das wachsame Spinnentier erscheint sofort auf der Schwelle, halb außerhalb der Röhre, bereit zur Verteidigung und wohl auch zum Angriff. Die Wegwespe geht, und die *Segestria* kehrt in ihre Röhre zurück. Neuer Alarm, die Wegwespe kommt; erneutes Drohmanöver der Spinne. Ihre Nachbarin macht es besser: Als die Jägerin um den Trichter streift, springt sie plötzlich aus der Röhre, da sie ja an der Spinndrüse den Sicherungsfaden hat, der sie bei einem Fehltritt vorm Absturz bewahrt; sie stürzt nach vorne und wirft sich vor die Wegwespe, zwei Dezimeter vor ihrem Loch. Der Hautflügler macht sich, wie erschreckt, schnell davon; und die *Segestria* verzieht sich genauso schnell nach drinnen.

Das ist, geben wir es zu, ein seltsames Wildbret: Es versteckt sich nicht, sondern zeigt sich gern; es flüchtet nicht, sondern wirft sich dem Jäger vor die Füße. Wenn unsere Beobachtungen hier aufhörten, vermöchten wir dann zu sagen, wer hier der Jäger und wer der Gejagte ist? Müssten wir nicht Mitleid mit der unklugen Wegwespe haben? Es braucht sich nur ein Faden der Falle um ihr Bein zu schlingen, und aus ist es mit ihr! Die andere ist sofort da und sticht sie in den Hals. Was ist also ihre Methode gegen die *Segestria*, die ständig auf der Hut ist, bereit zur Verteidigung und kühn bis zum Angriff?! Wundert sich der Leser, wenn ich sage, dass dieses Problem mich wochenlang an die Betrachtung des tristen Gemäuers fesselte? Meine Geschichte wird trotzdem kurz sein.

Zum wiederholten Male sehe ich, wie die Wegwespe

sich auf ein Bein der Spinne wirft, es mit den Kieferzangen packt und sie aus der Röhre zu reißen versucht. Es ist ein plötzlicher Vorstoß, ein Überraschungsschlag, zu schnell, als dass die Spinne ihn parieren könnte. Zum Glück hat sie die beiden hinteren Beine im Logis festgekrallt, und so entkommt sie durch einen Satz; denn nach der Erschütterung lässt die andere sofort los; wenn sie festhielte, ginge es übel aus. Nach diesem Fehlschlag beginnt der Hautflügler bei anderen Trichtern von vorn; ja, als die Aufregung sich gelegt hat, kehrt er zum ersten zurück. Hüpfend und flatternd streift er um die Mündung, wo die *Segestria* mit gespreizten Beinen sitzt und ihn beäugt. Er wartet auf den passenden Moment, springt, packt ein Bein, zieht daran und stürzt beiseite. Meistens hält die Spinne fest; manchmal wird sie einige Zoll aus der Röhre gezogen; aber sie geht gleich zurück, sicherlich dank ihres intakten Sicherheitsfadens.

Die Absicht der Wegwespe ist klar: Sie will die Spinne aus ihrer Festung vertreiben und weit hinausschleudern. So viel Ausdauer führt zum Erfolg. Jetzt klappt es: Mit einem wohlbemessenen Ruck hat der Hautflügler die *Segestria* herausgezogen und lässt sie fallen. Vom Sturz benommen und außerhalb ihres Hinterhalts noch mehr demoralisiert, ist die Spinne nicht mehr der kühne Gegner von eben. Sie zieht die Beine zusammen, hockt sich in eine Kuhle. Gleich ist die Jägerin zur Stelle, um die Vertriebene zu operieren. Ich komme gerade noch rechtzeitig, um das Drama mit anzusehen, als das Opfer durch einen Stich in die Brust gelähmt wird.

Hier haben wir sie nun endlich, die ausgeklügelte Methode der Wegwespe in ihrer ganzen machiavellistischen Raffinesse. Es wäre für sie lebensgefährlich, die *Segestria* in ihrem Domizil anzugreifen; der Hautflügler ist davon so überzeugt, dass er sich hütet, so unvorsichtig zu sein; aber er weiß auch: Aus ihrer Wohnung vertrieben, ist die Spinne genauso furchtsam und feige, wie sie in ihrem Trichter kühn war. Seine ganze Taktik besteht also darin, sie auszuquartieren. Danach ist alles bloß eine Kleinigkeit.

Die Taranteljägerin muss ähnlich vorgehen. Vor meinem geistigen Auge sehe ich, wie sie, instruiert von ihrer Verwandten, der *Pompilus apicalis*, um die Festung der Wolfsspinne schleicht. Diese kommt vom Grunde ihrer Höhle in der Meinung, ein Wildbret nähere sich; sie steigt ihre senkrechte Röhre hoch und steckt, bereit zum Sprung, ihre vorderen Beine heraus. Aber wer springt, das ist die Geringelte Wegwespe, sie packt ein Bein, ruckt daran und schleudert die Wolfsspinne aus ihrem Loch. Von da an ist sie eine feige Beute, die sich stechen lässt, ohne daran zu denken, ihren Gifthaken zu gebrauchen. Hier triumphiert List über Kraft; und diese List ist so gut wie meine, wenn ich die Tarantel in eine in ihre Höhle geschobene Grasähre beißen lasse und dann herausschleudere. Für den Entomologen wie für die Wegwespe geht es darum, die Spinne zum Verlassen ihrer Burg zu bringen. Danach ist es nicht schwer, sie zu fangen, da das vertriebene Tier völlig verstört ist.

Bei den soeben beschriebenen Fakten frappieren mich zwei Gegensätze: die Arglist der Wegwespe und die Einfalt der Spinne. Dass der Hautflügler seinen so klugen Instinkt, die Beute erst aus ihrem Heim zu ziehen, um sie dann gefahrlos zu lähmen, vielleicht nach und nach erworben hat, da er für seine Nachkommen höchst vorteilhaft war, gebe ich gerne zu, falls man mir erklärt, warum die *Segestria*, die genauso scharfsinnig wie die Wegwespe ist, sich nicht gegen einen Trick zu wehren weiß, dessen Opfer sie schon so lange ist. Was müsste die Schwarze Spinne tun, um ihrem Vertilger zu entkommen? Eigentlich nichts; sie müsste sich nur in die Röhre zurückziehen, anstatt jedes Mal, wenn der Feind aufkreuzt, nach oben zu gehen und sich am Eingang zu postieren. Das ist zwar mutig, aber auch gefährlich. Die Wegwespe stürzt sich auf eines der zur Verteidigung und zum Angriff hinausgeschobenen Beine, und die belagerte Spinne geht an ihrer Kühnheit zugrunde. Die Position ist ausgezeichnet – um auf Beute zu warten; aber der Hautflügler ist kein Wildbret; er ist ein Feind, und zwar ein sehr gefürchteter. Das weiß die Spinne. Warum zieht sie sich beim Anblick der Wespe nicht in ihre Festung zurück, wo die andere sie nicht angreifen würde, anstatt sich mutig, aber töricht auf ihre Schwelle zu pflanzen? Die Erfahrung von Generationen hätte sie diese für das Wohl ihrer Art so grundlegende und wertvolle Taktik lehren müssen. Wenn die Wegwespe ihre Angriffsmethode vervollkommnet hat, warum hat die *Segestria* ihre Verteidigungsmethode nicht ebenfalls vervollkommnet? Kann es sein, dass unzählige Jahrhunderte den einen zu seinem Vorteil veränderten, nicht aber den anderen? Hier verstehe ich nichts mehr, und ich sage mir völlig naiv: »Da es nun mal Wegwespen für Spinnen geben muss, sind diese seit jeher von geduldiger Arglist und jene von törichter Kühnheit.« Das ist kindisch, wenn man so will, und passt schlecht zu den schönen Zielen unser modernen Theoretiker; hier gibt es weder objektiv noch subjektiv, weder Anpassung noch Differenzierung, weder Atavismus noch Transformismus; meinetwegen, – aber ich verstehe es jedenfalls.

Kommen wir wieder zum Verhalten des *Pompilus apicalis*. Ohne besonders interessante Ergebnisse zu erwarten – denn in Gefangenschaft scheinen die Talente von Räuber und Beute zu schlummern –, stecke ich Hautflügler und *Segestria* in eine weite Flasche. Die Spinne und ihr Feind flüchten beide gleich ängstlich voreinander. Durch vorsichtiges Schütteln bringe ich sie zusammen. Ab und an packt die *Segestria* die Wegwespe, die sich, so gut sie kann, zusammenkrümmt, ohne ihren Stachel zu gebrauchen; sie rollt sie zwischen den Beinen und sogar zwischen den Kieferzangen, aber anscheinend nur widerwillig. Einmal sehe ich, wie sie sich auf den Rücken legt und die Wegwespe, möglichst weit weg, über sich hält, sie zwischen ihren vorderen Beinen rollt und sie mit den Kieferzangen kaut. Der Hautflügler entkommt rasch den furchtbaren Haken, sei es durch Geschicklichkeit oder aus Angst, geht auf Abstand und macht sich offenbar nicht allzu viel aus den Püffen, die er bekommen hat. Die Wegwespe putzt seelenruhig ihre Flügel und frisiert ihre Fühler, indem sie ihre Vorderkrallen darauf stellt und sie lang zieht. Mein Schütteln bewirkt etwa zehn Angriffe, und immer entkommt die Wegwespe den Gifthaken der *Segestria* unversehrt, als ob sie unverwundbar wäre.

Ist sie das wirklich? Keineswegs, wie man uns bald beweisen wird; wenn sie sich heil und gesund zurückzieht, dann deshalb, weil die Spinne ihre Haken nicht benutzt. Wir erleben hier eine Art Waffenstillstand, eine stillschweigende Übereinkunft, die tödlichen Stöße zu unterlassen, oder eine Demoralisierung infolge der Gefangenschaft; die zwei Gegner sind nicht mehr kriegerisch genug gestimmt, um das Stilett zu ziehen. Die Gelassenheit der Wegwespe, die vor den Augen der *Segestria* keck ihre Fühler frisiert, beruhigt mich im Hinblick auf das Schicksal meines Gefangenen; für alle Fälle werfe ich ihm aber zerknülltes Papier hin, in dem er nachts Unterkunft findet. Dort, vor der Spinne sicher, richtet er sich ein. Am nächsten Tag ist er tot. In der Nacht hat die *Segestria* mit ihrer nächtlichen Lebensweise ihre Kühnheit wiedergewonnen und ihre Feindin erstochen. Ich hatte vermutet, dass die Rollen getauscht würden! Der Schlächter von gestern ist das Opfer von heute.

Ich ersetze die Wegwespe durch eine Honigbiene. Das Tête-à-tête währte nicht lange. Zwei Stunden später war die Biene tot, von der Spinne gebissen. Eine Mistbiene ereilt das gleiche Schicksal. Aber die *Segestria* rührt die Kadaver nicht an, auch den der Wegwespe nicht. Durch diese Morde wollte die Gefangene sich offenbar nur eines lauten Nachbarn entledigen. Werden die Opfer verwendet, wenn der Appetit kommt? Nein, und das ist meine Schuld. Ich steckte eine mittelgroße Hummel in die Flasche. Am nächsten Tag war die Spinne tot; der Täter war ihr rüder Mitgefangener.

Beenden wir diese regelwidrigen Zweikämpfe im

Glasgefängnis, und beenden wir die Geschichte der Wegwespe, die wir am Fuß der Mauer mit der gelähmten *Segestria* zurückließen. Sie legt die Beute ab, um zur Mauer zurückzukehren. Sie visitiert die Spinnentrichter und läuft auf ihnen flink wie auf Stein. Sie inspiziert die seidenen Röhren, steckt ihre Fühler hinein, sondiert sie, betritt sie ohne Zögern. Woher nimmt sie die Tollkühnheit, in den Schlupfwinkel der *Segestria* hineinzugehen? Eben noch zeigte sie äußerste Zurückhaltung; jetzt scheint sie die Gefahr nicht zu achten. Der Grund ist: Hier gibt es keine Gefahr. Der Hautflügler visitiert unbewohnte Behausungen. Wenn er in eine seidene Röhre eindringt, weiß er, dort ist keiner; denn wenn die *Segestria* daheim wäre, hätte sie sich auf der Schwelle gezeigt. Dass die Hausbesitzerin sich nicht beim ersten Zittern der nächsten Fäden zeigt, ist ein sicherer Beweis, dass die Röhre leer ist; und die Wegwespe betritt sie ganz ohne Risiko. Künftigen Beobachtern rate ich, diese Durchsuchungen nicht für Jagdmanöver anzusehen. Ich sagte es schon und wiederhole: Solange sich die Spinne im seidenen Hinterhalt befindet, wird ihn die Wegwespe nicht betreten.

Unter den inspizierten Trichtern scheint ihr einer besonders zu gefallen; während ihrer fast einstündigen Erkundungen sucht sie ihn mehrmals auf. Von Zeit zu Zeit läuft sie zu der auf dem Boden liegenden Spinne, betrachtet sie, zupft an ihr, zieht sie näher zur Mauer und macht sich wieder an die Erkundung ihrer bevorzugten Röhre. Dann geht sie wieder zur *Segestria* und packt sie am Hinterleib. Sie ist so schwer, dass die Wegwespe sie nur mit Mühe auf dem ebenen Boden bewegen kann. Zwei Zoll trennen sie von der Mauer. Sie schafft es mit einiger Anstrengung dorthin; trotzdem wird die Arbeit – sobald die Mauer erreicht ist – rasch erledigt. Wir wissen, dass Antaios, der Sohn der Erdgöttin Gaia, beim Kampf mit Herakles Kraft gewann, wenn seine Füße die Erde berührten; die Wegwespe, die Tochter der Gemäuer, scheint ihre Kräfte zu verzehnfachen, sobald sie Mauerwerk betritt.

Die Wegwespe hievt ihre riesige pendelnde Beute tatsächlich rückwärts hoch. Sie erklimmt eine senkrechte Fläche, dann infolge der unebenen Oberfläche der Steine eine Schräge. Sie überwindet Lücken, bei denen sie mit dem Rücken nach unten läuft, während das Wildbret im Leeren schwankt. Nichts hält sie auf; sie klettert etliche Meter, ohne sich einen Pfad zu suchen, ja ohne ihr Ziel zu sehen, da sie ja rückwärts geht. Da zeigt sich ein Gesims, das sie sicher schon erkundet und erreicht hat, trotz des schwierigen Aufstiegs, bei dem sie es nicht sehen konnte. Hier legt sie ihr Wildbret ab. Die seidene Röhre, die sie so liebevoll inspizierte, ist nur ein paar Dezimeter entfernt. Sie geht hin, besichtigt sie rasch und kehrt zur Spinne zurück, die sie schließlich in die Röhre bringt.

Kurz darauf kommt sie wieder. Sie sucht auf der Mauer Mörtelstückchen, zwei, drei genügend große Stücke, und trägt sie zur Röhre, um sie zu verschließen. Das Werk ist vollendet. Sie fliegt davon.

Am nächsten Tag visitiere ich die seltsame Erdhöhle. Die Spinne sitzt auf dem Grund der seidenen Röhre, ringsum isoliert wie in einer Hängematte. Das Ei der Wegwespe klebt nicht auf der Bauchseite des Opfers, sondern eher auf dem Rücken, etwa in der Mitte, wo der Hinterleib beginnt. Es ist weiß, zylindrisch und 2 mm lang. Die Mörtelkrümel, die ich sie transportieren sah, dienten ihr dazu, die seidene Kammer notdürftig zu versperren. Daher deponiert Pompilus apicalis seine Beute samt Ei nicht in einer selbst gegrabenen Erdhöhle, sondern in der Wohnung der Spinne. Vielleicht gehört die seidene Röhre dem Opfer, das auch Kost und Logis liefert. Welch eine Unterkunft für die Larve dieser Wegwespe: Der warme Unterschlupf und die gemütliche Hängematte der *Segestria*!

Wir haben also schon zwei Spinnenjäger, *Pompilus annulatus* und *Pompilus apicalis*, die, des Bergmannsberufs unkundig, ihre Nachkommen ohne großen Aufwand in zufälligen Mauerlöchern unterbringen oder im Unterschlupf der Spinne, von der die Larve sich ernährt. Diese ohne Mühe erlangten Wohnungen versehen sie lediglich mit einem Scheinverschluss aus Mörtelkrümeln. Doch hüten wir uns, diese flotte Art der Unterbringung zu verallgemeinern. Andere Wegwespen sind wahre Wühler, die tapfer eine 2 Zoll tiefe Höhle graben. Zu diesen gehört Pompilus octopunctatus Panz. mit seiner schwarz-gelben Livree und den bernsteinfarbenen Flügeln mit den braunen Spitzen. Als Wildbret wählt er Radnetzspinnen (*Epeira fasciata*, *Ep. sericea*), dicke prachtvoll verzierte Spinnen, die in der Mitte ihrer großen senkrechten Geflechte auf der Lauer liegen. Ich kenne seine Sitten nicht gut genug, um sie beschreiben zu können; vor allem habe kenne ich nicht seine Jagdgewohnheiten. Aber seine Behausung ist mir vertraut: Es ist eine Erdhöhle, und ich habe den Hautflügler sie nach der üblichen Methode der Grabwespen beginnen, vollenden und verschließen sehen.

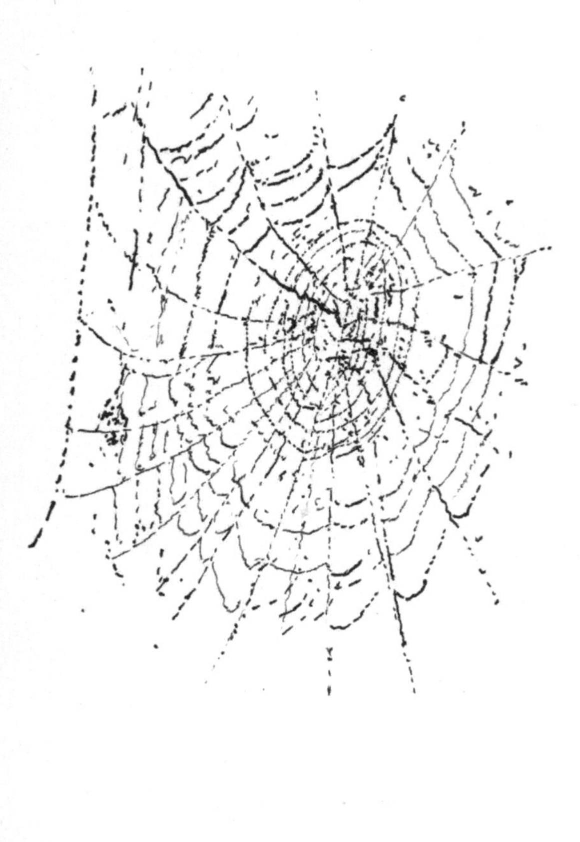

Die Geometrie der Spinnwebe

Jetzt sitze ich an einem Kapitel, das zugleich hochinteressant und schwer zu schreiben ist. Obwohl nicht unklar, setzt das Thema beim Leser bestimmte Geometriekenntnisse voraus: eine kräftige, oft vernachlässigte Nahrung. Ich wende mich nicht an Geometer, die sich im Allgemeinen wenig um Fragen des Instinkts kümmern; auch nicht an Insektensammler, die sich für mathematische Lehrsätze überhaupt nicht interessieren. Ich schreibe für Leute, die genug Verstand haben, um Geschmack an Insektenkunde zu finden.

Wie soll ich es anfangen? Dieses Kapitel weglassen hieße den bedeutendsten Wesenszug des Spinnenkunstfleißes vernachlässigen; es mit dem ganzen ihm gebührenden wissenschaftlichen Formelapparat zu behandeln wäre auf diesen bescheidenen Seiten fehl am Platz. Wählen wir einen Mittelweg: keine abstrusen Wahrheiten, keine völlige Ignoranz.

Wenden wir uns den Netzen der Radnetzspinnen zu, vornehmlich denen der Seidenspinnenden und der Gebänderten Radnetzspinne, die im Herbst in meiner Gegend häufig sind und durch ihre Größe auffallen. Als Erstes werden wir erkennen, dass die Speichen gleich weit voneinander entfernt sind; sie bilden untereinander sichtlich gleiche Winkel, und dies trotz ihrer Vielzahl, die im Bau der Seidenspinnenden Radnetzspinne vierzig übersteigt. Wir haben gesehen, mit welch sonderbarer Methode die Spinne ihr Ziel erreicht: dass sie den Bereich, in dem das Netz gewebt werden soll, in eine bei jeder Art annähernd konstant große Zahl von gleichwinkligen Sektoren teilt. Ein sozusagen von einer hitzigen Laune beherrschtes ungeordnetes Manöver ergibt eine unseres Zirkels würdige schöne Rosette. Zudem werden wir feststellen, dass die einzelnen Stufen in jedem Sektor, die Elemente der Spiralwindungen, parallel zueinander sind und sich einander umso mehr nähern, je näher sie am Mittelpunkt sind. Mit den beiden sie begrenzenden Speichen bilden sie auf einer Seite einen stumpfen und auf der anderen einen spitzen Winkel, die wegen ihrer Parallelität im selben Sektor konstant bleiben.

Da gibt es noch mehr: Dieselben Winkel, der stumpfe wie der spitze, ändern von einem Sektor zum anderen nicht ihren Wert, soweit man das mit einem genauen ersten Blick beurteilen kann. Das Fadengebäude besteht also aus einer Reihe von Querverbindungen, welche die einzelnen Speichen schräg in Winkeln von unveränderlichem Wert kreuzen.

An diesem Merkmal erkennt man die logarithmische Spirale. So bezeichnen die Geometer die Kurve, die in Winkeln von konstantem Wert alle von einem Pol genannten Mittelpunkt ausstrahlenden Geraden oder Radiusvektoren schräg kreuzt. Die Trasse der Radnetzspinnen ist also eine in eine logarithmische Spirale eingeschriebene Polygonlinie. Sie würde ganz mit dieser Spirale übereinstimmen, wenn die Zahl der Speichen unbegrenzt wäre, was die geradlinigen Elemente unendlich verkürzen und die Polygonlinie zu einer gebogenen Linie machen würde.

Da wir mutmaßen wollen, warum diese Spirale so viele wissenschaftliche Überlegungen herausgefordert hat, beschränken wir uns auf Aussagen, deren Beweis der Leser in Lehrbüchern der höheren Geometrie findet.

Die logarithmische Spirale beschreibt eine endlose Zahl von Kreisen um ihren Pol, dem sie sich nähert, ohne ihn jemals zu erreichen. Dieser Mittelpunkt, der bei jeder Windung näher rückt, ist endlos unerreichbar. Selbstverständlich ist diese Eigenschaft sinnlich nicht erfassbar. Sogar mithilfe der besten Präzisionsinstrumente könnte das Auge nicht ihre unendlichen Kreise verfolgen und würde die Aufteilung des Unsichtbaren bald unterlassen. Dies sind Windungen, für die sich der Geist keine Grenzen vorstellen kann. Nur die ausgebildete Vernunft, die scharfsichtiger als unsere Netzhaut ist, erkennt klar, was sich der Wahrnehmung des Auges widersetzt.

Die Radnetzspinne passt sich diesem Gesetz der unbegrenzten Windungen nach besten Kräften an. Die Spiralwindungen werden enger, je mehr sie sich dem Pol nähern. In einer bestimmten Entfernung hören sie auf; dann aber folgt die Hilfsspirale auf den Faden. Sie ist im Zentralbereich nicht zerstört, und mit einiger Verwunderung sieht man, dass sie in immer engeren, kaum noch erkennbaren Windungen zum Pol hin vorrückt. Hier geht es wohlgemerkt nicht um mathematische Genauigkeit, sondern um eine deutliche Annäherung an diese. Die Radnetzspinne umrundet immer enger ihren Pol, soweit es ihre Werkzeuge erlauben, die wie unsere unzulänglich sind. Man könnte sagen, dass sie sich in den Gesetzen der Spirale auskennt.

Nennen wir noch einige Eigenschaften der merkwürdigen Kurve, ohne sie zu erklären. Stellen wir uns einen um die logarithmische Spirale gewickelten elastischen Faden vor. Wenn wir ihn abwickeln und dabei gespannt halten, beschreibt sein freies Ende eine Spirale, die in allem der ersten gleicht. Die Kurve wird lediglich ihren Platz gewechselt haben.

Jakob Bernoulli, dem die Geometrie diesen großartigen Lehrsatz verdankt, ließ als einen seiner schönen Ruhmestitel die erzeugende Spirale und ihre durch das Abrollen des Fadens hervorgebrachte Entsprechung in seinen Grabstein meißeln. Eine Inschrift lautete: *Eadem mutata resurgo*: »Verwandelt kehr' ich als dieselbe wieder.« Etwas Besseres als diesen erhabenen Gedankenflug zum großen Problem des Jenseits kann die Geometrie wohl schwerlich ersinnen.

Bekannt ist eine nicht weniger berühmte andere geometrische Grabinschrift. Als Quästor auf Sizilien suchte Cicero zwischen Dornengestrüpp und wilden Gräsern, die uns dem Vergessen preisgeben, das Grab des Archimedes und entdeckte es inmitten von Ruinen an der auf dem Stein eingemeißelten geometrischen Figur: einem einer Kugel einbeschriebenen Zylinder. Archimedes erkannte tatsächlich als Erster die annähernde Beziehung zwischen Kreislinie und Durchmesser; hieraus leitete er den Umfang und die Fläche des Kreises sowie die Fläche und das Volumen der Kugel ab. Er bewies, dass diese zwei Drittel der Fläche und des Volumens des einbeschriebenen Zylinders als Fläche und Volumen hat.

Der syrakusische Gelehrte verschmähte eine pompöse Inschrift und rühmte sich mit seinem Lehrsatz als ganzem Epitaph. Die geometrische Figur sagt den Namen so deutlich wie Buchstaben.

Zum Abschluss sei hier eine weitere Eigenschaft der logarithmischen Spirale angeführt. Lassen wir die Kurve auf einer unbegrenzten Geraden abrollen. Ihr Pol wird sich verlagern und sich dabei auf derselben Geraden halten. Die endlosen Windungen führen zu einer geradlinigen Strecke; ständig Verändertes erzeugt Gleichförmiges.

Ist diese logarithmische Spirale mit ihren so merkwürdigen Eigenschaften nur eine einfache Konzeption der Geometer, die Zahl und Ausdehnung nach Belieben kombinieren, um einen finsteren Abgrund zu imaginieren, in dem sich ihre Untersuchungsmethoden praktizieren lassen? Ist sie eine reine Träumerei in der Nacht des Schwierigen, ein unserem Verstand zum Fraß vorgeworfenes abstraktes Rätsel?

Nein, sie ist eine Realität im Dienst des Lebens, eine von der Tierarchitektur oft verwendete Konstruktionsmethode. Vor allem die Mollusken rollen nie die schraubenförmige Spirale ihrer Schale, ohne die kunstvolle Kurve zu Rate zu ziehen. Die Erstgeborenen der Art haben sie gekannt und praktiziert, wobei sie in den ersten Weltzeitaltern ebenso vollendet war, wie sie es heute sein kann.

Untersuchen wir in diesem Zusammenhang die Ammoniten, ehrwürdige Relikte dessen, was vorzeiten die höchste Erscheinungsform der Lebewesen war, als das Festland mit trockengefallenen ozeanischen Schlammerden Gestalt annahm. Der Länge nach aufgeschnitten und poliert, zeigt das Fossil uns eine prächtige logarithmische Spirale, das Grundmodell der Behausung, die einst ein Perlmuttpalast mit zahlreichen Kammern war, durchzogen von einem »Sipho« genannten Schlauch.

Der letzte Vertreter der Kopffüßer mit einer durch Zwischenwände abgeteilten Schale, der Nautilus des Indischen Ozeans, ist dem uralten Bauplan treu geblieben. Er hat den Sipho in die Mitte verlegt und ihn nicht mehr auf dem Rücken gelassen, doch er wickelt seine Spirale immer noch auf logarithmische Weise so wie die Ammoniten in den ersten Weltzeitaltern.

Wir dürfen nicht glauben, dass diese Molluskenfürsten das Monopol für die kunstvolle Kurve haben. Im ruhigen Wasser unserer verkrauteten Gräben wetteifern die flachen Gehäuse, die manchmal kaum linsengroßen bescheidenen Tellerschnecken, in höherer Geometrie mit Ammonit und Nautilus. Eine davon, der *Planorbis vortex* (die Wirbelscheide), ist ein Wunder an logarithmischen Windungen.

Bei den länglichen Gehäusen wird die Struktur komplex, folgt jedoch denselben Grundgesetzen. Vor mir habe ich Arten der Gattung *Terebra* (Schraubenschnecke) aus Neukaledonien. Sie sind sehr spitz zulaufende, fast spannenlange Kegel. Die Oberfläche ist glatt, ganz nackt, ohne die üblichen Verzierungen, Falten, Knoten oder Perlenschnüre. Das spiralförmige Gebäude ist prachtvoll, geschmückt allein durch seine Einfachheit. Ich zähle etwa zwanzig Windungen, die nach und nach kleiner werden und in der feinen Spitze verschwinden. Eine schmale Furche begrenzt sie.

Mit dem Bleistift zeichne ich eine erzeugende Linie dieses Kegels. In geometrischen Messungen geübt, verlasse ich mich auf mein Auge und stelle fest, dass die Spiralfurche diese erzeugende Linie in einem Winkel von gleichbleibendem Wert schneidet.

Hieraus lässt sich leicht eine Schlussfolgerung ableiten. Durch Projektion auf eine zur Achse des Gehäuses senkrecht stehende Ebene würden die erzeugenden Linien des Kegels zu Radien, und die sich von der Basis zur Spitze windende Furche würde zu einer ebenen Kurve, die auf diese Radien in einem unveränderlichen Winkel träfe und nichts anderes als eine logarithmische Spirale wäre. Umgekehrt kann man die Furche des Gehäuses als die Projektion dieser Spirale auf eine konische Fläche ansehen.

Da gibt es noch mehr. Stellen wir uns eine zur Achse des Gehäuses senkrecht stehende und durch seine Spitze gehende Ebene vor. Denken wir uns außerdem einen um die Spiralfurche gewundenen Faden. Entrollen wir ihn und halten ihn dabei gespannt. Sein Ende wird nicht über die Ebene hinausgehen und auf ihr eine logarithmische Spirale beschreiben. Dies ist eine etwas kompliziertere Variante von Bernoullis *Eadem mutata resurgo*: Die konische logarithmische Kurve wird zu einer ebenen logarithmischen Kurve.

Eine ähnliche Geometrie findet sich auch bei den anderen Gehäusen mit länglichem Kegel, bei Turmschnecken, Spindelschnecken und Nadelschnecken, sowie bei den Gehäusen mit abgeflachtem Kegel, bei Kreiselschnecken und Wirbelschnecken. Die Kugelförmigen und die spiralförmig Gerollten bilden keine Ausnahme von dieser Regel. Alle, selbst die banale Weinbergschnecke, sind nach der logarithmischen Ordnung gebaut. Die bei den Geometern berühmte Spirale ist der allgemeine Bauplan, dem die Mollusken folgen, wenn sie ihre steinerne Hülle rollen.

Woher kommt bei diesen schleimigen Geschöpfen eine solche Wissenschaft? Man erzählt uns: Die Mollusken stammen von den Würmern ab. Der durch die Sonne munter gewordene Wurm machte sich eines Tages selbstständig, schwang seinen Schwanz und ringelte ihn vor Freude. Damit habe er den Plan des spiralförmigen Gehäuses gefunden.

So etwas lehrt man heute ganz ernsthaft als wissenschaftlichen Fortschritt. Man muss nur noch wissen, bis zu welchem Punkt diese Erklärung akzeptabel ist. Die Spinne will jedenfalls nichts davon wissen. Sie ist nicht mit dem Wurm verwandt, sie hat keinen Fortsatz, der sich ringeln könnte, trotzdem kennt sie die logarithmische Spirale. Von der berühmten Kurve erhält sie nur eine Art Gerüst; doch so rudimentär dieses auch ist, es verweist eindeutig auf das Idealgebäude. Die Radnetzspinne arbeitet nach denselben Grundsätzen wie die Molluske mit dem spiralförmigen Gehäuse.

Um ihre Spirale zu bauen, hat die Molluske ganze Jahre zur Verfügung, und sie gestaltet die Windungen mit höchster Perfektion. Die Radnetzspinne hat, um ihr Netz auszuspannen, nur einen Arbeitsgang von höchstens einer Stunde; die schnelle Ausführung zwingt sie zu einem einfacheren Werk. Sie kürzt ab, indem sie sich auf den Entwurf der Kurve beschränkt, die das andere Tier in höchster Perfektion ausführt.

Die Radnetzspinne ist also mit den geometrischen Geheimnissen des Ammoniten und des Perlboots vertraut; sie benutzt die von der Weinbergschnecke geliebte logarithmische Linie und vereinfacht sie. Wovon lässt sie sich leiten? Hier kann man sich nicht auf irgendeine Windung berufen, wie beim Wurm, der angeblich zur Molluske werden will. Das Tier muss den virtuellen Bauplan seiner Spirale in sich tragen. Nie konnte der Zufall, für wie reich an Überraschungen wir ihn auch halten mögen, die Spinne in höherer Geometrie unterrichten, in der sich unser Verstand ohne gründliche Vorbildung bald verirrt.

Wie viel abstruse Wissenschaft für ein Stückchen Faden! Darüber müssen wir uns nicht wundern. Ein Schrotkorn, das an einem Fadenende schwingt, ein Tautropfen, der an einem Strohhalm hinabrinnt, eine Pfütze, die sich, von einem Lufthauch gestreichelt, kräuselt, ein Nichts, kurz gesagt, verlangt ein titanisches Gerüst, wenn man es mit einem berechnenden Blick prüfen soll. Für eine Mücke brauchen wir die Keule des Herkules.

Unsere mathematischen Forschungsmethoden sind gewiss einfallsreich; man kann die Geistesgrößen, die sie erfunden haben, gar nicht genug bewundern; doch wie langsam und mühevoll wirken sie bei den geringsten Tatsachen! Wird es uns nie vergönnt sein, das Wahre auf einfachere Weise zu untersuchen? Kann der Verstand eines Tages das schwerfällige Formelarsenal entbehren? Warum nicht?

Hier erscheint nun, auf einen Spinnenfaden geschrieben, wieder die konfuse Zahl *e*. Betrachten wir an einem nebligen Morgen das in der Nacht gebaute Netz. Die hygroskopischen Leimfäden haben sich mit Tröpfchen gesättigt und biegen sich unter dem Gewicht, sodass alle zu Kettenlinien, Reihen von klaren Edelsteinen geworden sind, vorzüglich angeordnete anmutige Reihen, die einer Schaukelkurve folgen. Wenn die Sonne den Nebel durchdringt, leuchtet das Ganze in bunten Feuern und wird zu einer prächtigen Diamantenreihe. Die Zahl *e* in ihrem ganzen Glanz.

Die Geometrie, das heißt die Harmonie im Raum, beherrscht alles. Wir finden sie in der Anordnung von Kiefernzapfenschuppen ebenso wie in der Anordnung der Leimfäden einer Radnetzspinne. Es gibt sie im spiralförmigen Gehäuse einer Weinbergschnecke wie in der Umlaufbahn eines Planeten. Sie ist überall, ihre Wissenschaft gilt in der Welt der Atome ebenso wie in der Welt der unermesslichen Größen.

Und diese allgemeingültige Geometrie erzählt uns von einem Allgemeinen Geometer, dessen göttlicher Zirkel alles vermessen hat. Das ist mir als Erklärung für die logarithmische Kurve des Ammoniten und der Radnetzspinne lieber als ein Wurm, der sein Schwanzende ringelt. Vielleicht entspricht das nicht genau den heutigen Lehrmeinungen, doch es zeugt von einem höheren Gedankenflug.

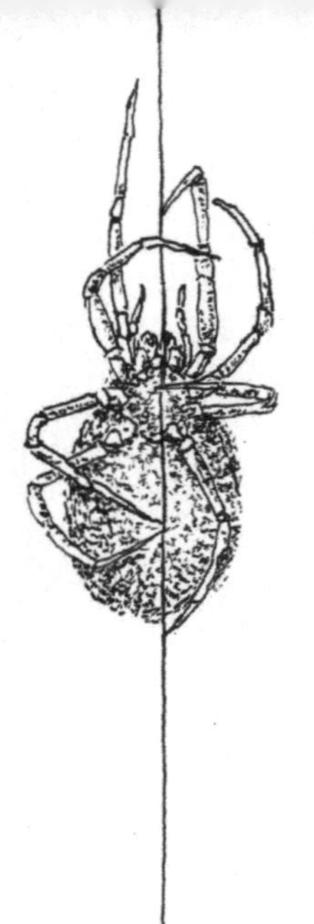

1 Zitiert nach der deutschen Übersetzung *Erinnerungen eines Insektenforschers*, Matthes und Seitz Berlin, die seit 2010 erscheint.
2 Fabre: *Erinnerungen*, Bd. VIII, S. 321.
3 Ohl, Michael, »Vergebliche Beschwerden«, in: Fabre: *Erinnerungen*, Bd. VIII, S. 353ff.
4 Fabre: *Erinnerungen*, Bd. V, S. 156.
5 Fabre: *Erinnerungen*, Bd. V, S. 67.
6 D'Aguilar, *Histoire de l'entomologie*. Paris 2006.
7 Dupuis, C. Pierre, André Latreille (1762–1833): »The foremost entomologist of his time«, Annual Review of Entomology 19: 1–13, 1974.
8 Lindroth, C. H. »Systematics specializes between Fabricius and Darwin«, 1800–1859. In: Smith, R. F., Mittler, T. E., Smith, C. N. (Hrsg.) *History of Entomology*. Palo Alto 1973
9 Fabre: *Erinnerungen*, Bd. V, S. 67.
10 Ohl, M.: »Vergebliche Beschwerden«, S. 356ff.
11 Fabre: *Erinnerungen*, Bd. IV, S. 255.
12 Fabre: *Erinnerungen*, Bd. II, S. 188.
13 Fabre: *Erinnerungen*, Bd. IV, S. 218.
14 Fabre: *Erinnerungen*, Bd. V, S. 243.
15 Setz, C. J.: »Jean-Henri Fabre, Nobelpreis für Literatur 1914«. In: Fabre: *Erinnerungen*, Bd. III, S. 391.
16 Fabre: *Erinnerungen*, Bd. II, S. 14.
17 Fabre: *Erinnerungen,* Bd. II, S. 16–17.
18 Fabre: *Erinnerungen*, Bd. IX, S. 60.
19 Bellmann, H.: *Kosmos-Atlas Spinnentiere Europas*. Stuttgart, 2001.

20 Fabre: *Erinnerungen*, Bd. II, S. 163.
21 Fabre: *Erinnerungen*, Bd. II, S. 191.
22 Bellmann, H.: *Der Kosmos Spinnenführer,* Stuttgart 2010.
23 Foelix, R. F.: *Biologie der Spinnen*, Frankfurt am Main 2015.
24 Fabre: *Erinnerungen*, Bd. II, S. 162.
25 Fabre: *Erinnerungen*, Bd. II, S. 162. Fabre verwendet hier den Artnamen *Theridium lugubre*, der auf Dufour im Jahre 1820 zurückgeht. Der Gattungsname müsste eigentlich *Theridion* heißen, aber der Dufoursche Name ist sowieso ein jüngeres Synonym von *Latrodectus tredecimguttatus*.
26 Fabre: *Erinnerungen*, Bd. II, S. 162.
27 Fabre: *Erinnerungen*, Bd. II, S. 163.
28 Fabre: *Erinnerungen*, Bd. II, S. 165.
29 Fabre: *Erinnerungen*. Bd. II, S. 166.
30 Fabre: *Erinnerungen*, Bd. II, S. 174.
31 Fabre: *Erinnerungen*, Bd. II, S. 168.
32 Fabre: *Erinnerungen*, Bd. II, S. 175.
33 Fabre: *Erinnerungen*, Bd. II, S. 183.
34 Fabre: *Erinnerungen*, Bd. II, S. 184.
35 Fabre: *Erinnerungen*, Bd. II, S. 200.
36 Fabre: *Erinnerungen*, Bd. II, S. 203.
37 Fabre: *Erinnerungen*, Bd. II, S. 203.
38 Fabre: *Erinnerungen*, Bd. IV, S. 25.
39 Fabre: *Erinnerungen*, Bd. IX, S. 73.
40 Fabre: *Erinnerungen*, Bd. IX, S. 90.
41 Fabre: *Erinnerungen*, Bd. II, S. 185.
42 Voss, J.: »Der Briefwechsel zwischen Jean-Henri Fabre und Charles Darwin«, in: Fabre: *Erinnerungen,* Bd. III, S. 375.
43 Fabre: *Erinnerungen*, Bd. IX, S. 126.
44 Fabre: *Erinnerungen*, Bd. II, S. 8.

BIBLIOGRAFISCHE ANGABEN

25 *Unterhaltsame Taranteljagden*
(aus: Jean-Henri Fabre,
Erinnerungen eines Insektenforschers,
Band II, Berlin 2010, S. 161ff.)

35 *Die Wolfsspinne von Narbonne*
(aus: Jean-Henri Fabre,
Erinnerungen eines Insektenforschers,
Band IX, Berlin 2018, S. 7ff.)

51 *Die Talente der Radnetzspinnen*
(aus: Jean-Henri Fabre,
Erinnerungen eines Insektenforschers,
Band VIII, Berlin 2016, S. 321ff.)

65 *Die Labyrinthspinne baut ein Fadengewirr*
(aus: Jean-Henri Fabre,
Erinnerungen eines Insektenforschers,
Band IX, Berlin 2018, S. 176ff.)

79 *Der Auszug der Spinnen*
(aus: Jean-Henri Fabre,
Erinnerungen eines Insektenforschers,
Band IX, Berlin 2018, S. 44ff.)

95 *Die zarte Kuppel der Wasserspinne Argyroneta*
(aus: Jean-Henri Fabre,
Erinnerungen eines Insektenforschers,
Band IX, Berlin 2018, S. 176)

97 *Durands Klotho*
(aus: Jean-Henri Fabre,
Erinnerungen eines Insektenforschers,
Band IX, Berlin 2018, S. 193ff.)

111 *Eine Schlammarbeiterin jagt Netzspinnen*
(aus: Jean-Henri Fabre,
Erinnerungen eines Insektenforschers,
Band IV, Berlin 2012, S. 25ff.)

119 *Die Arglist der Wegwespe und die Einfalt der Spinne*
(aus: Jean-Henri Fabre,
Erinnerungen eines Insektenforschers,
Band IV, Berlin 2012, S. 25ff.)

133 *Die Geometrie der Spinnwebe*
(aus: Jean-Henri Fabre,
Erinnerungen eines Insektenforschers,
Band IX, Berlin 2018, S. 116ff.)

Jean-Henri Fabre, geboren 1823 in Saint-Léons du Lévézou, Entomologe und Autor, war zunächst Lehrer in Ajaccio und dann Physikprofessor in Avignon bevor er sich ab 1870 ausschließlich der Beobachtung von Insekten widmete und an seinem Hauptwerk, den *Souvenirs Entomologiques*, arbeitete, deren erster Band 1879 erschien. Fabre, dessen Werk in viele Sprachen übersetzt ist, gilt als einer der wesentlichen Wegbereiter der Verhaltensforschung. Er starb 1915 in Sérignan-du-Comtat, Vaucluse.

Michael Ohl, geboren 1964, ist Leiter des Zentrums für Integrative Biodiversitätsentdeckung am Museum für Naturkunde Berlin und Privatdozent an der Humboldt-Universität zu Berlin. Er forscht über Themen der Evolutionsbiologie, Systematik und Taxonomie sowie der Wissenschaftsgeschichte.

Matthes & Seitz Berlin · Paperback · 011

Erste Auflage dieser Ausgabe 2019

MSB Matthes & Seitz Berlin Verlagsgesellschaft mbH
Göhrener Straße 7, 10437 Berlin
info@matthes-seitz-berlin.de

Die Texte von Jean-Henri Fabre wurden
für die vorliegende Ausgabe vom Herausgeber gekürzt.
Umschlaggestaltung: Pauline Altmann, Berlin
Satz: Michael Rosenlehner, Berlin
Druck und Bindung: GGP Media GmbH, Pößneck
ISBN 978-3-95757-730-6
www.matthes-seitz-berlin.de

Jean-Henri Fabre

ERINNERUNGEN
EINES INSEKTENFORSCHERS
[Souvenirs entomologiques.
Etudes sur l'instict et les moers des insectes]
Gesamtausgabe in Einzelbänden

Aus dem Französischen von
Friedrich Koch und Ulrich Kunzmann,
bearbeitet von Heide Lipecky
Mit Federzeichnungen von Christian Thanhäuser
Gebunden mit Schutzumschlag

Vielleicht hat kein Werk des 20. Jahrhunderts einen so überraschenden und radikalen Perspektivwechsel bei seinen Lesern bewirkt wie dieses zehnbändige Monumentalwerk des französischen Entomologen.
Erstmals richteten die Literaten der Großstädte ihre Blicke nach unten und erblickten eine völlig neue, fremde Welt: Eigentümlich anmutende Wesen mit sechs, acht oder gar sechshundertachzig Beinen bevölkern sie. Krabbelnd, hüpfend, kriechend oder fliegend gehen sie eifrig ihrem Tagewerk nach, manche perfekt getarnt, andere in leuchtender Garderobe oder anmutig schillerndem Schwarz; sie paaren, fressen und bekriegen sich, verpuppen sich und erstehen in neuer Pracht wieder auf.

»Unter Fabres Anleitung verwandelt sich jede Wiese in einen phantastischen Dschungel voller exotischer Wesen, die sich zum Kampf ums Dasein mit prachtvollen Rüstungen, schrecklichen Waffen und perfiden Tricks gewappnet haben.«
Ulrich Baron, *Der Spiegel*

Henry D. Thoreau

TAGEBUCH
Gesamtausgabe in Einzelbänden

Aus dem amerikanischen Englisch von Rainer G. Schmidt
Mit Illustrationen von Henry D. Thoreau
Gebunden

Henry D. Thoreaus Hauptwerk ist nicht Walden oder Über den zivilen Ungehorsam, sondern sein Tagebuch, das er als 20-Jähriger begann und bis wenige Tage vor seinem Tod 1861 führte. Darin notierte er Beobachtungen, die zu den bedeutendsten Naturschilderungen der Weltliteratur zählen, aber auch Gedanken und Reflexionen, die ihn als ganz eigenständigen philosophischen Kopf erkennen lassen. Während dieses große Tagebuchwerk in Amerika Generationen von Künstlern und Schriftstellern beeinflusste und heute eine überwältigende Renaissance erlebt, ist es in Deutschland nahezu unbekannt. Unsere Ausgabe lädt ein, dieses Meisterwerk zu entdecken und Thoreau unzensiert zu erleben.

»Mein Tagebuch ist etwas von mir, was sonst überfließen und verfließen würde, Nachlese auf einem Feld, das ich tüchtig aberntе. Ich brauche dafür nicht zu leben, sondern lebe in ihm für die Götter. Mit ihnen korrespondiere ich; ihnen schicke ich täglich dieses frankierte Blatt.«
Henry D. Thoreau

Hugh Raffles
INSEKTOPÄDIE

Aus dem amerikanischen Englisch von Thomas Schestag
Mit Illustrationen von Pauline Altmann
No.7 der Reihe Naturkunden,
herausgegeben von Judith Schalansky
383 Seiten, gebunden

Sie waren vor uns da und werden uns überleben. Sie begleiten uns seit Menschengedenken, so nah und alltäglich wie keine anderen Lebewesen: Insekten bestäuben unsere Nutzpflanzen, ernähren sich von unserem Essen, leben in unseren Betten und Kleidungsstücken, in den Ritzen unserer Dielen und dem Fell unserer Haustiere. Die Insektopädie des Anthroplogen Hugh Raffles ist ein fesselnder Streifzug durch Wissenschaft und Philosophie, Anthropologie und Zoologie, Wirtschaft und Populärkultur, auf dem nicht nur die Insekten, sondern auch die Menschen genau unter die Lupe genommen werden.

»Von tugendhaften Grillen, gebratenen Heuschrecken, tanzenden Bienen, flirrenden Fliegen, alten Büchern und allerlei Passionen: Der amerikanische Anthropologe Hugh Raffles hat unserem Umgang mit Insekten eine eigenwillige Enzyklopädie gewidmet.«
Helmut Mayer, *FAZ*

Peter Geimer
FLIEGEN

Mit Illustrationen von Falk Nordmann
No.45 in der Reihe Naturkunden,
herausgegeben von Judith Schalansky
140 Seiten, gebunden

Kaum ein Lebewesen ist uns so lästig; wo sie auftaucht, stört sie und legt dabei noch eine bemerkenswerte Penetranz an den Tag. Kein Wunder, dass sich seit der Antike gegen die wehrlosen Tierchen eine regelrechte Verdammungsliteratur etabliert hat, die am liebsten jeder Fliege etwas zuleide tun würde. In seiner Kulturgeschichte des scheinbar überflüssigen Insekts zeigt Peter Geimer seinen erstaunlichen Facettenreichtum. Ein Verdacht drängt sich auf: Möglicherweise neiden wir ihr ihre stoische Unbekümmertheit und ahnen insgeheim, dass wir ihr wohl gleichgültiger sind als sie uns.

»Liebevoll schildert der Autor die unerwartet
reiche Geschichte eines Insekts, das uns vor allem nervt.«
Daphne Tokas, *Literaturkritik*

Matthes & Seitz Berlin